Urbanization and Socio-Economic Development in Africa: Challenges and Opportunities

Edited by Steve Kayizzi-Mugerwa, Abebe Shimeles
and Nadège Désirée Yaméogo

非洲国别和区域历史丛书

非洲城市化与社会经济的发展
机遇与挑战

［瑞典］史蒂夫·凯伊兹-穆格瓦　［埃塞］阿贝贝·希梅莱斯　［突尼斯］纳戴哥·德西蕾·亚梅奥戈 ◎ 主编
杨　年　彭炫棋　梁凯宁　范东东 ◎ 译
张忠祥 ◎ 校译

上海三联书店

教育部区域和国别研究培育基地项目资助
上海市高峰高原学科建设计划上海师大世界史项目资助
上海师范大学应用文科振兴计划项目资助

First published 2014
By Routledge

目　录

前　言 ··· 1

第一章　非洲城市发展概论 ························· 1

第二章　作为发展动力的城市 ······················ 17

第三章　制度、地方分权和城市发展 ··············· 45

第四章　为非洲城市发展筹资 ······················ 90

第五章　非洲城市中临时安置点的改造 ··········· 134

第六章　前进的道路 ······························ 170

参考文献 ··· 192

译后记 ··· 210

前　言

近年来，非洲经历了城市化快速发展的进程，但这没有产生任何显而易见的结构转型。在世界的很多地方，城市扩张与结构性转型与人居环境质量不无关联。对于撒哈拉以南非洲城市而言，城市发展已经在一段时间内取代了现存基础设施的提升，从而导致了公共服务质量的下降，非正式定居区人口的增加以及城市贫困的扩大。据估计，超过一半的撒哈拉以南非洲的城市居民生活在贫民窟。一些原因可以解释该种情况的发生。

首先，大多数非洲国家缺乏制度上、财政上、政治上的实力，以解决人口的增长问题。城市土地市场的缺陷与非正式土地占有制导致了贫困人口的增长、城镇贫困和不平等的加剧。尽管非洲未来的经济成果以依托高效和多产的城市中心为基础而发展壮大，但大多数非洲政府在城市发展中对基础设施的投资力度不足。通常情况下，政府没能创设一个适宜的环境以满足经济发展的需要和便捷化的经济交流，也无法保证工人和生产投入的效率。

第二，非洲经济的模式与快速增长的新兴经济的模式不同，特别是在亚洲，制造业主导了经济的发展，但大多数非洲国家的经济仍然以低效率的原材料生产为主。当然，为我们所熟知的是，城镇经济的发展是以效率和生产力水平为基础的。尽管我们也注意到了其他因素的出现也促进了近期非洲大陆的经济增长，但原材料的生产依然是重要因素。而经济增长的动力来源是制造业或服务业的出现。非洲城市同样在上述经济活动中呈现出低效率，特别体现在那些非正式的经济部门中，它也不能为城镇居民提供充足的经济机遇。这就导致了贫困人口数量的增加、贫民窟的扩大、社会矛盾和不稳定因素增加。城市生产力的水平和效率决定了非洲城市未来的发展与成果。

在接下来的20年中，如果非洲国家不出台紧急措施以扭转局面，上述的境况可能会愈演愈烈。在这方面我们的确存有希望。这份报告重点强调了：历史经验证明，非洲国家采取合适的措施补救，就有可能产生积极的效果，这在一些东非国家的案例中早已有之。但其总体目标还是促使城市化发展转型，以此为城镇居民提供更多的经济机遇和良好的生活环境。非洲国家政策制定者所面临的挑战是要确保城市循序渐进地发展，这样才能使城市成为经济增长的动力。而且，最近在非洲中东部和北部国家的动荡局面证实了政府一定要保证发展策略是兼容并蓄的。另外，很多非洲国家的部门易受到气候因素的影响，例如，农业、旅游业和自然资源开采业，那么绿色政策在非洲城市的经济与社会进步中就占有举足轻重的地位。在非洲城市变得富裕的过程中，通往更加绿色化城市的道路需要非洲政府选择可持续性的消费策略。

为了实现社会经济可持续发展的这一目标，对我们而言，理解不同的因素如何导致非洲城市表现力不佳是至关重要的。当然，我们也需要制定适当的策略助力城市充当经济可持续发展和内在增长的领跑者。这就是本书的目标之所在：《非洲城市化与社会经济的发展：机遇与挑战》，本书的创作是在2008年非洲开发银行集团部长级年度圆桌会议的启示下而完成。这本书的关注点是在撒哈拉以南非洲国家，在过去的10年里，他们与北部非洲地区不同，反而面临着城市化的巨大挑战。

姆苏利·恩库贝（Mthuli Ncube）教授
非洲开发银行首席经济学家、副总裁

第一章

非洲城市发展概论

阿尔伯特·马弗希尔(Albert Mafusire)、
纳戴哥·德西蕾·亚梅奥戈(Nadège Désirée Yaméogo)和
姆苏利·恩库贝(Mthuli Ncube)

引言

预计到2025年,非洲的城市人口总数将超过乡村地带的人口总数(Tibaijuka,2010)。城市地区快速增长的人口总量使得现存的公共建设与基础设施捉襟见肘,从而在这些城市地带引发了基础服务短缺及其质量的下降。某些情况下,城市基础设施及其服务体系在连续不断的高压下,其发展明显滞后于人口数量的快速增长。此外,城市人口的快速增长与非洲经济可视化的转型之间并无接合点。在很多非洲国家,原材料加工业仍占据了整个经济活动的支配地位。在世纪之交时,高经济增长率和不断增加的国外资本的注入并没有改变整个非洲大陆的贫困境地和它的经济结构。我们尝试去解答究竟是什么原因导致了原本看好的经济对非洲城市的发展并未做出如预期的贡献。当然,非洲大陆的城市化进程及其面对的挑战都是多种多样的。如果实用策略可以解决城市在发展中资金不足的问题,那么我们就会以更加谨慎的方式理解这些尚待处理的议题。

尽管非洲城市人口总量及其经济的发展呈现增长态势,但减缓贫困的进程却是困难重重的。在 1981 年到 2005 年之间，许多国家都把具有重大意义的减缓贫困人口问题提上了日程，特别是在中国、东亚、太平洋地区。在这一段时期内，这些地区的贫困率从 78% 降至 17%，这是在 2005 年以每日人均 1.25 美元为贫困线标准得出的。但与此相反，撒哈拉以南非洲是贫困率唯一没有下降的地区。而且，该地区人均年收入水平增长迟缓，由于贫困和收入不均使得该地区城镇发展状况更加恶化（Fay & Opal，1999）。在撒哈拉以南非洲，人均国民生产总值被认为下降了 5%，极度贫困率从 1990 年的 47.4% 攀升至 1999 年的 49%，这种攀升的趋势一度被认为会持续到 21 世纪早期（World Bank，2004）。拉瓦雷（Ravallion）、陈（Chen）、萨恩格拉（Sangraula）一致认为，尽管非洲经济呈现增长态势，但其贫困人口也在不断地增加。近些年来非洲经济增长的主要动力被认为是石油和自然资源价格的上涨（Collier，2006）。而且，在考虑到了所有权和资本的集中性，以及非洲国家对自然资源的索取形式之后，我们发现从这些经济活动中获取的大量物质财富都以外部效应的形式流向极小范围的精英群体。当然，其结果是这种物质财富与减缓贫困之间无任何联动。萨拉·艾·马丁（Sala-i-Martin）和潘可维提斯（Pinkovskiy）（2010）却对此结论提出异议，他们一致认为，在 1985 年到 2006 年之间，非洲总体贫困率从 1985 年的 42% 下降至 2006 年的 30% 出头。

　　尽管非洲总体贫困率有可能小于上述两人的论断，但城市环境的确是遭到了破坏。非洲城市中根深蒂固的贫困加剧了非正式定居点的拥挤不堪以及恶化的卫生条件。这些非正式定居点通常都是贫民窟，它们以年平均 4% 的速度不断增长（United Nations，2008）。贫民窟的扩大化与城镇地带持续增长的暴力犯罪事件有着紧密关联。然而，乡村人口向城市的流动，其主要因素隐藏于城镇中心的发展背后，尽管城市也出现了缺乏经济机遇及生活质量的降低，但这种流动仍然在持续进行。在政策制定者的眼中，如何保证渐进有序的发展，如何使得非洲城镇地带转化为经济增长的引擎，这都是他们面临的挑战。实现上述两个目标不仅可以吸纳更多的劳动力,与此同时,还可以提升非洲城市地带的生活品质。

城市在经济发展中的重大作用是各外在因素相互影响的结果,这种外在因素包括政府、机构、公共政策和空间接近性之间的连动力,而空间接近性又外在地影响了创新力和技术性的进步(Henderson,2005)。除此之外,经济地理学也强调了在此过程中聚集和分类归并的重要性(Krugman,1998)。但是,在非洲的实际环境下,这种动力的增长机制被认为是缺失的。问题主要在于如何使非洲城市拥有历久弥新的发展动力,这样非洲城市才能共同培养经济增长点,共享发展成果,然而此过程出现了倒行逆施的现象。在此过程中,非常重要的推动力是促进动态化的企业机制的形成和产生富有创造力的文化。当然,还有很多需要完成的任务,这些将共同助力于建设高效的机制,适宜的法律和规章制度。与此同时,政府良好的运行机制是保证必要经济活力的先决条件之一。上述努力都可以共同促进经济的发展,为经济发展提供就业机会和提高其内在生产力水平,从而提升收入。诚然,这些可能性并非是触手可及的,但好消息是只要我们付诸行动,美好的前景就会出现。

值得注意的是,家庭经营和小产业的收入使得生活质量的提升更有可能,以2000年到2010年为一个周期,城镇地带居民贫困率以每年5％的速度下降(UN-Habitat,2010a)。尽管这些指标成功地干预了城镇的发展,但依然存有疑问,这些问题是考虑到这些经济项目的低回报率,是否还有必要继续坚持这种努力。在此种背景下,城市化如何助力非洲的经济增长仍然存有极大争议。

2008年非洲开发银行集团部长级年度圆桌会议的主题是:"推进携手发展:非洲的城市化、不平等和贫困"。本次会议主题选择是基于"在全球范围内,城镇是经济转型的中心"的共识。毫无疑问,如果我们清除了实现城市发展中的相关阻力,其结果是非洲城市也将产生相同的积极作用。但是,上述过程需要明确的促成因子才能产生明朗的结果。这就需要制定相关的政策,以此来助力非洲大陆城市转变为活力无限的经济中心,这不但可以促进整体经济的发展,还可以带动相关经济的提升。非洲开发银行的城市综合发展战略的部分目标是为了保证在城市化发展的过程中能够更好地管理潜在的参与者。

本章的其他部分将重点突出非洲城市化的发展趋势、当前状况和非洲城市化的发展经验。当然,政策制定与意见反馈之间的分歧也促成了更加舒适的城市环境的形成,非洲大陆城市发展和经济增长的动力的出现。

非洲城市化发展趋势

在 2005 年到 2010 年间,非洲大陆经历了快速的城市发展,在全球范围内其年均增长率达到了 3%。经济预测表明在未来的 15 年内,非洲大陆依然会保持强势增长。在非洲北部和非洲南部的国家中,城市化发展程度较高,而在撒哈拉以南非洲国家中,城镇人口比例在 25% 到 50% 之间(图 1.1)。城市化的快速发展贯穿整个非洲大陆,但并非所有的城市都能保持同样的增长速率(表 1.1)。东部非洲国家城市化进程比较迟缓,乡村地带依旧占据主导地位,整体上落后于整个非洲大陆。该地区在 2010 年仅有 23.7% 的人口常住于城市,城市化发展相对比较迟缓的国家有布隆迪(11%)、埃塞俄比亚(17.6%)、卢旺达(18.9%)和乌干达(13.3%)。东部非洲的其他城市,比如,阿布贾、巴马科、金沙萨和瓦加杜古,这些城市的人口呈现出年均高速增长的态势,可以达到 4% 以上的速率。上述结果表明这些城市的人口将会在 17 年后达到当前的两倍。另一方面,马普托和卢萨卡在城市化进程中表现为低速年均人口增长比率,根据预测,在未来的几年中,城镇人口的增长速率还会持续降低。当然,拉巴特和阿尔及尔也是如此(UN-Habitat,2010b)。

在非洲北部国家,除了埃及和苏丹之外,大量的人口都居住在城镇地带。阿尔及利亚 2010 年的城镇人口占总人口的 66.5%,利比亚的该比例是 77.9%,摩洛哥的该比例是 56.7%,但在埃及和苏丹的该比例却低于 50%。在这些国家中,只有埃及的城镇人口

表 1.1 非洲城市人口占比

地区	1990	2010	2030	2050
中非	32.5	42.9	55.3	67.4
东非	17.9	23.7	33.7	47.6
北非	44.7	52	61.3	72
南非（南部非洲）	48.8	58.8	68.8	77.6
西非	33.2	44.6	56.5	68
撒哈拉以南非洲	28.2	37.3	48.2	60.5
非洲	32	39.9	50	61.8

资料来源：Population Division of the Department of Economic and Social Affairs of the United Nations Secretariat.

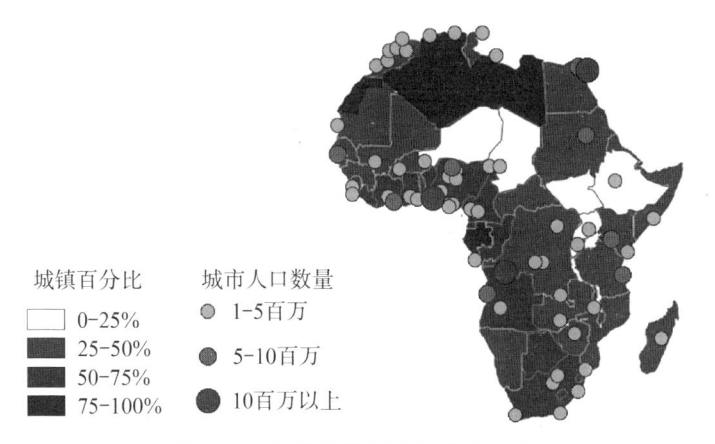

图 1.1 非洲当前城市化发展地图

资料来源：UN-Habitat, 2012.

比例由1990年的43.5%下降到2010年的42.8%。到2030年，该地区城镇人口所占比例将会达到61.3%。推测的结果表明，埃及在城市化发展进程中，其城镇人口所占比例将仍然会低于50%，而在苏丹，城镇人口所占比例会超过当前的两倍（达到60.7%），同比高于1990年的增长水平。在目前埃尔及利亚、埃及、摩洛哥、突尼斯的城市化发展中，城镇人口的增长是分散于多个不同地域的。例如，埃及的开罗和亚历山大港口，其经济增长的主要动力是制造业，这两个地区每年分别为国家制造业贡献占比达57%和22.5%。在摩洛哥，卡萨布兰卡市人口只占摩洛哥总人口的10%，但却垄断了55%的国家生产单位，并拥有60%的产业工人。

在非洲西部地区，1990年城市人口总量仅占总人口比例的33.2%。到2010年，城市人口总量不仅会攀升一倍，而且还会达到1.372亿。以同时期的17个国家来估算，其中有5个国家的城市人口总量已经超过50%（佛得角、科特迪瓦、冈比亚、加纳、利比亚）。推测的结果表明，在2020年之前，在整个西非地区，城市及其发展将占据主导地位。在该地区城市化进程中的一个独特之处是在一些国家中，人口增长的速度远远超过经济发展的速度。这些城市有拉各斯（尼日利亚最大城市）、瓦加杜古（布基纳法索首都）、洛美（多哥首都）、尼亚美（尼日尔首都）。在上述城市中，城市化的发展导致贫民窟的扩大、犯罪现象的滋生和高失业率。

在非洲东部地区，以60年为一周期的话，城市人口从1950年的345万增长到2010年的7879万，其增长速率加快了20倍。然而，仅有少数的几个国家（吉布提、留尼汪、塞舌尔）到2010年之时，其城市化进程才是主流。在接下来的10年中，预测结果显示城市人口将会额外增加385万，到2030年，在东非国家中，只有三分之一的人口居住于城市；到2050年，非洲东部地区大约还有一半人口居住于乡村，它是整个非洲大陆城市化进程最慢的区域，可能需要多年才可以实现更高层次的城市化发展。在该区域的一些国家中，城镇人口的膨胀主要是源于人口的自然增长，以及与另一些国家的矛盾冲突，比如索马里。在非洲西部地区，城市化发展导致贫民窟的扩大，大量城镇失业人口的出现，生活质量的降低，当然，其他社会与环境问题也随之而来。

非洲中部地区在城市化发展进程中位居倒数第二，到2010年，其城镇人口总量所占总人口之比例会达到大约43%，位居东非之后。但是,此地区以快速增长的城镇人口比例追赶其他非洲大陆的地区,从 2005 年开始,该地区的城镇人口增长速率一直保持着最高水准。这种高速率的增长可能会一直持续到 2050 年。在 2010 年,加蓬是该地区城市化水平最高的国家,相较其他国家遥遥领先(城镇人口比例达到 86%),然而,乍得却是该地区城市化进展最慢的国家,仅有 27% 的人口长居于城镇。在过去的 10 年里,喀麦隆因盛产化石燃料,使其成为此地区城市化发展速率最快的国家,其城市人口增长速率达到了 8.5%。在 2005 年之前,喀麦隆的城市化发展就已占据主流地位,到 2010 年,该国城镇人口所占总人口之比例达到了 58.5%。据乐观估计,非洲中部地区城市发展有望于 2022 年占据主导地位,届时将有超过 67% 的人口居住于城镇地带。

在过去的 20 年中(1990—2010),非洲南部地区是整个非洲大陆城市化进程中发展速度最快的。在 2010 年,城市人口居民总量占总人口的近 59%,并且根据推测,该地区城市人口所占比例将在 2030 年上升至 69%,并在 2050 年上升至 78%,此比例是非洲大陆中最高的。尽管非洲南部地区城镇人口增长速率最快,但非洲南部地区城市化发展速度会在未来 10 年进一步下降,值此,非洲城镇人口发展的年均速率由 2000 年和 2005 年之间的 1.99% 下降至 2025 年到 2030 年间的 1.13%,也就是以每 5 年 0.74% 的比例递减,直至 2050 年。但是城市化的发展进程因国家之间的差异而不同。例如,在 2010 年,南非是该地区城市化发展程度最高的国家,其城市人口所占总人口之比例达到 61.7%,而莱索托和斯威士兰却是该地区城市化发展程度最低的国家,其城市人口所占总人口之比例分别为 26.8% 和 21.3%。这些落后的国家有望于 2020 年开始向前追赶城市化发展浪潮。然而,到了 2040 年,斯威士兰将可能仍然是该地区唯一城市人口比例无法达到 50% 的临界点的国家。

总之,在 2060 年前,非洲人口预计将经历从乡村到城市的彻底改变。城市居民人口所占之比例从 2010 年的 40% 将攀升到 2060 年的 65%。到 2050 年撒哈拉以南非洲,其城市居民人口所占之比例大约为60%。非洲南部地区仍然保持着整个大陆中最高的城市化发展水平,其城镇居民人口所占之比例为77.6%。据推测显示,在2050年前,城市化进程最为迟缓的是非洲东部地区,乡村人口仍然居多(UN-Habitat,2010b)。

撒哈拉以南非洲的城市人口的快速增长带来的问题

非洲大部分城市的人口结构呈现出快速增长和变化的态势,其结果是导致了城市贫困的增加。在撒哈拉以南非洲,据估计极度贫困的人口总量占到总人口的42%。同样,据观察到的结果显示,在此地区的城市人口中,有62%的人口生活在贫民窟中(UN-Habitat,2010b),相比之下,南亚仅有35%,西亚和大洋洲仅有24%的人口是同样的境遇。虽然北非的城市化发展水平很高(52%),但仍有的少量的人口(13%)生活在贫民窟中。联合国人居署(2010b)的报告显示,在发展中国家,有2200万人口已经脱离贫困,但该过程对抵制非正式居住人口的增长却影响有限。在出现非洲城市居住环境恶化后,乡村地区人口向城镇地带流动也并未放缓。无论此种现象是忽视农业发展的结果还是为城市增光添彩而产生的说辞,这两种说法都是有争议的。然而,我们却认为,在某些情境下,一个国家社会经济及其发展经验的历史就是一部政治史。该国家社会经济的发展经验对城市发展中的可见特征产生了重大的影响。

无论如何,这些发展趋势令人咋舌,但它们却掩盖了我们讨论的是不同类型的城市居住地这一事实。特别是,绝大部分非洲城市居住者居住于,并且将长期居住于人口总量少于50万的城市。例如,在2005年,在人口总量少于50万的城市中生活的人占城市居民总人数的51%,相比之下,10%的城市人口居住在总人口数50万到100万的城市中,23%的城市人口居住在人口总数100万到150万的城市中,8%的城市居民居住在总人口数500万到1000万的城市中,9%的城市居民居住在总人口数1000万以上的城市中。

这与在城市化发展中的典型大城市人口爆炸的场景截然不同。

然而,非洲大陆在加速转变为一个城市化的大陆。在2008年,非洲大陆年平均城市化增长率大约是4%,这比全球在1990年到2000年的年平均城市化增长率3.3%还要高。但是,城镇人口的增长也以贫民窟扩大化的形式扩展,上述二者之间的关系态势是反相关的。在全世界范围内,非洲大陆的贫民窟人口数量一直保持着全世界最高的增长速度(UN-Habitat,2010a,2010b)。

在撒哈拉以南非洲,其贫民窟居民比例是比世界其他任何地区的数量要高的。尤其在东非,其城市化的高速发展与贫民窟居民所占比例不断扩大之间存在直接关联。另一方面,北非是非洲大陆上贫民窟居民数量所占比例最低的,从1990年的34%下降至2010年的13%(参见图1.2)。

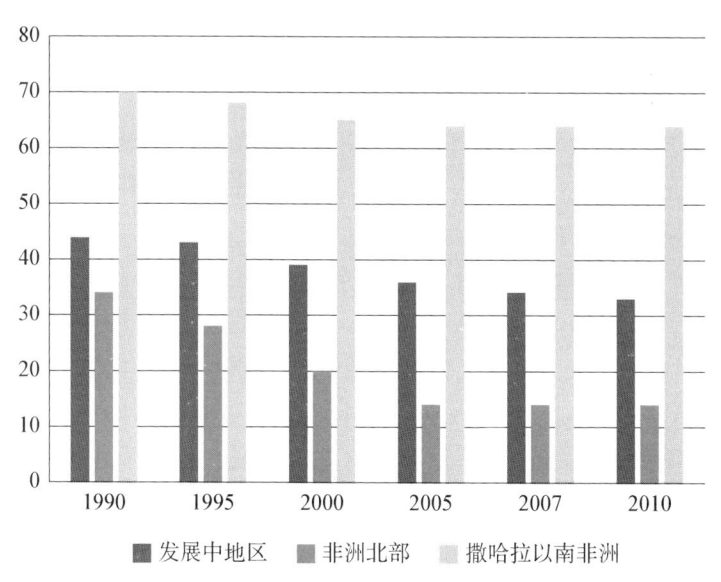

图1.2 城镇中贫民窟人口所占百分比
资料来源:UN-Habitat(2011) data.

质疑由此产生,即撒哈拉以南非洲政府无法提出新的城市发展策略以应对快速增长的城市人口。如果的确是这种情形,我们能否从政府反复无常的发展策略中汲取经验和教训？北非国家在其邻国的撒哈拉以南的非洲投资更多聚焦于发展基础设施建设，这是撒哈拉以南非洲国家之间的普遍共识。当然，我们也需要承认的是，殖民时代结束后，乡村向城市之间的人口流动超越了城市当下基础设施可容纳的范围。在撒哈拉以南非洲，殖民城市的鲜明特点是白人与黑人的分界。在这片大陆上，用于发展的资源少之又少。相比之下，大多数北非国家的发展，尤其是与上述地区的同类社会也或多或少与其相似。在此番情境下，我们认为，政府应出台一套可持续改善贫民窟条件的政策，该政策需要实施贫民窟改造计划，与此同时，采取积极主动的策略可以保证城市化发展有序进行。

而且，据观测，非洲城市化发展呈现出非均衡的态势，如以基尼系数为衡量标准来看，其基尼系数 0.54 是全世界第二高，早已超越国际基尼系数警戒线的 0.4。非洲经济发展的大国，例如南非，收入状况严重扭曲、不平等，基尼系数已经超过 0.7，这比其他的大型城市还要高（UN-Habitat，2008）。以上述发展趋势为基础，其结论是在 1993 年到 2002 年之间，城镇贫困人口持续增长，以 4 倍的速度快于乡村贫困人口增长（参见第三章表 3.4）。综合考虑这些城镇地带的普遍贫困后，市政管理局还需应对其他的难题，如当局的财政困局是因为收入低下，无法支付应支付的开销。这些问题的产生主要是由于：绝大多数人口无法承担城市基础设施及设备的费用，并且在地方层面，因其制度固有的缺陷而无法提供更为充沛的创收。

因此，我们并不会诧异于众多积压待办的基础服务事宜。在撒哈拉以南非洲，只有 20% 的人口可以使用电子网络；40% 的人口可以使用洁净的饮用水；27% 的人口可以使用卫生设备；4% 的人口可以使用固定或移动电话。[①] 而且，乡村和城市之间的基础设施差距司空见惯（图 1.3）。然而，我们一致认为，在非洲的城市和乡村

---

① World Bank data quoted in Ajulu and Motsamai, 2008.

之间,无法获得洁净的饮用水和卫生设备的人口分别占到了35%到50%,50%到60%(Tannerfeldt & Ljung,2006)。上述数据表明在城镇地带需要更加完备的基础设施,但很多国家却对此缺乏清晰的认识。突尼斯和毛里求斯两国却不同,两国为城市基础设施建设大力提供支持。另一方面,东非国家落于其后。另外,城市内部也存有较大的差异。高收入地区的基础服务设施相比于低收入区域更加完善,同时,贫民窟依旧缺乏最基本的服务设施。

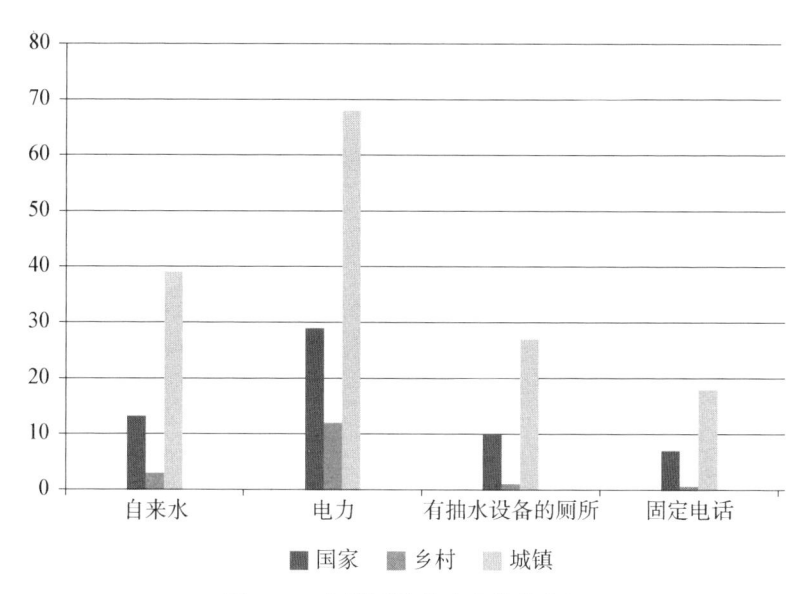

图 1.3 乡村城镇基础设施分布图

资料来源:Author's calculations based on the Africa Infrastructure Country Diagnostic data.

基础服务设施网络覆盖率的有限性表明,相比发达国家而言,非洲对每个基础服务单位需要支付更多的费用,基础设施体系并不完善。例如,非洲公路的运输费用超发达国家4倍之多;电力价格为14美分每千瓦时,而发达国家电力价格为5到10美分每千瓦时;固定或移动电话每月消费12美元,这比其他地区的每月8美元要高。在非洲城镇中,富人区和贫民区使用基础设施的费用差距也是如此。

精确地论证保证了论点的可靠性。阿克拉城镇中的穷人都居住于贫民窟,他们无法获取自来水。如表3.3(第三章)所示,相较于其他城市居民,阿克拉城镇的居民需要支付高速增长的费用。这清晰地解释了城市基础服务设施的匮乏及基本服务的比例不均影响了低收入群体和邻近居民,他们的网络基础设施也由此被切断。但这并非贫民窟居民和贫困地带的唯一不利之处。我们需要铭记于心:经济发展、住房条件、公共服务设施之间都存有差异。它们也反映出对不同城镇居民,社会经济分层所产生的相关层面的影响。特别是,权力阶层和利益集团使经济呈现不平衡的发展趋势,在所有的基础设施中,他们可以优先选择提供哪一种类型的基础设施,并决定于何地提供。在此番情境下,低收入地区所有基础设施的选择性投资不足将会造成持久的城市贫困,这同时也固化了体制上的不平等(Parnell, Pieterse & Watson, 2009)。

从短期效果来看,在综合考虑到非洲大陆普遍基础设施的投资不足后,我们认为,城市基础设施看似不能实现快速的发展与高效率持续的运行。最近公开的报告,即《非洲的基础设施:跨时代的转变》(Foster & Briceño-Garmendia, 2010),提供了非洲基础设施发展趋势的全景,其中包括了城镇和乡村地带基础设施的发展。总之,非洲建设基础设施每年需花费930亿美元,是现下投资基础服务建设资金450亿美元的两倍之多。一系列的问题由此产生:(1)哪一个潜在的地区能够在非洲大陆经济发展中起到先锋的作用?(2)如何做才能克服发展限制和改善投资效果,以此来实现非洲经济的腾飞?(3)国际金融机构在此过程中应该扮演什么角色?

为非洲转型培育城市的内在动力

在非洲当下城市化的发展进程中,其结果令人失望,然而,我们还有机会助力非洲城市成为经济增长与城市发展的主动力。我们需要认清实际,城镇与乡村之间的发展并非相互排斥,相反,它们在国家发展的大环境下相互补充。图洛克(Turok)(第二章)特别注意到了城市化发展的成果以金融汇款、充足投资、大型城镇市场，以及国家到国际间信息、金融、贸易网络的互通有无的方式连通乡村地带。

另一方面，皮尔特斯告诫在非洲经济发展中的资源萃取模式限制了城市化的快速成型，这对培育可持续发展的内在动力是非常重要的。这个论点符合"飞地经济"（Gallagher & Zarsky，2007）的发展概念，"飞地经济"旨在表达在非洲经济发展中，城市地带需要发挥先锋的作用，它们要助力于经济的动态发展，使经济相互融合和具有创新力。从这种程度而言，无论是在乡村或城镇经济活动中，这种经济发展动力是以经济模式中生产力的提升为依存。

实现稳定的经济增长和良好的体制改革需要保证经济发展的内在动力。这反过来将会提升乡村和城镇经济的生活标准，上述的改革必须着眼于：

> 增强制度的有效性和适应性，以及在基础服务供应上中心与边缘的对应关系，明确规定每级政府要责权分明；
> 通过共享方式为经济活动创造机遇；
> 充分增强调动国内经济资源和吸引外国资本的能力，以有效锁定城乡之间的投资体系来相互补充资金；
> 及时调解阻碍经济发展的制度因素与其背后隐藏的风险，特别需要注意的是财产权和土地占有制的问题；
> 灵活掌握建设规范，区域管理和城镇规划制度，该制度反映出本地经济和经济权力关系，在城镇商业事务中提升投资意识。

但是改革也面临着极大的挑战。对很多非洲政府来说，宏观政策与可行策略的不足限制了城镇带动经济发展与增长的潜力。而且，政府实践机制和有效投资策略也不足。在此种背景下，如果城镇设施的确有待完善，其改革应该聚焦于解决内在制度的缺陷和提升城镇管理机构的灵活性、创新性和反馈能力。在解决制度缺陷以保证城镇的可持续发展进程中,这些制度上的改革是发展的基本要求。

在此背景下,1997年在里约热内卢举行了联合国地球峰会。出于环境可持续发展的必然要求,该峰会审视了人权、人口、社会发展、女性与人居环境之间的关系,该峰会达成了必须实现上述目标的共识。从更加细致的层面看,该峰会注意到了,各具特色的经济组织之间接连不断的相互作用产生了某种内在动态机制,从而影响了发展的进程。

图洛克(Turok)(第二章)的理论表明,城市化发展中所产生的影响更多取决于城市如何利用知识、技术作为生产力以及收入的增长动力。这两个方面的因素对保证消费性开支至关重要。姆比巴(Mbiba)(第四章)也继续论证,即尽管城市化发展可能成为经济增长的潜在动力,但城市招商引资的目的却深受中心与边缘关系的影响。这些关系对城市发展结构和金融业的发展具有显著意义。其最终结果是,虽然很多非洲政府面临着资源短缺的情况,但皮特塞(Pieterse)和斯密特(Smit)(第三章)认为非洲城市化的发展并未带来任何增长,这是因为基本的制度问题尚未解决。在上述问题中,最明显的就是非洲大陆城市化的快速发展。然而,很多非洲政府的经济发展战略含糊不清。事实上,在独立后的非洲,乡村与城市之间的人口流动并未得到有效的法律控制。当然,我们不能把城市化的快速发展当作无法有效反馈城市发展的托词。第三章和第四章揭示了在非洲大陆,传统政府的运作模式对高效的城乡关系的构建形成阻碍。传统政府的运作机制需要国民有效参与机制内的不断调整和适应。国民有效参与机制对提升政府的透明度,权责意识和反馈能力都是至关重要的。

从另一角度看,穆卢盖塔(Mulugeta)(第五章)指出城市化发展的不利因素激化了政治危机时期的矛盾。在那段时期内,地方政府当局和城中法律执行机关相互妥协。非经济因素推动城乡间人口的流动,这其中包括了那些尚未准备好参与有效经济活动的人。在利比亚冲突中,大量的乡村人口涌入蒙罗维亚,这与政治干预津巴布韦城市地带聚居区的发展产生了相似的效果。然而，以内罗毕的基贝拉为例，常住居民以支付特定层次的服务能力为标准，做出了理性的经济决定。在基贝拉这个事例中，历史因素①和组合的权力关系对该种经济活动起到重要作用，即常住居民也可以参与该种经济活动。我们还看到重组上述类型的聚居区和社区在经济上不仅对城市的福利制度，而且也对财政和行政管理形成了挑战。

尤为重要的是，贫民窟的居民无法支付良好基础服务设施的费用，这成为当地政府无法投资建设现代化和良好的基础设施之内因。随之而产生的问题就是，谁能够带领贫民窟的居民，并使其转变为更有组织化和经济化的群体，事先安排好他们所处的位置以便于他们更好地参与城市发展的环节并进行有效的经济活动。尽管中央政府在城市发展中的地位举足轻重，但它们不应该只是以投资者的身份出现，还应该面对可用资源竞争性需求的局面。当然，保证城市持续发展的途径还包括了众多的合作伙伴，这些合作伙伴有中央政府部门、多边国家、双边发展合作伙伴、私有企业和城镇社区。在此种背景下，对城镇日益恶化的居住环境所做出的所有努力都应该考虑到增加居民收入以此确保贫困人口的再生产能力的增强。直到那时，贫困人口才有支付基础服务和设施的能力。并且，私有企业也需要相互协商，因为它们既是现下城市聚居区的助推者，也是居民在应对现存困难时，潜在地为他们提供解决方案的反馈者。特别需要注意的是，制度化、合法化和规范化的城市环境对私有企业真正地参与城市发展起到了不可估量的作用。

我们可以清晰地看到，在确保非洲城市推进共同发展和减少贫困中还有诸多挑战。图洛克（Turok）在第二章提到，城市地带不仅是经济发展的基础，也是经济增长的主动力。他在之后更为细致地分析了制度。高效运转的政府、合法化和规范化的体系所具有

---

① 基贝拉的原著居民被认为是努比亚人 Nubians，他们在世界大战期间与英国人并肩作战，英国人允许他们定居在尚未命名的土地上。久而久之，其他定居者也搬入该地，并从努比亚人手中租借土地。

的重要意义,这些因素共同促进了城市循序渐进的发展。姆比巴(Mbiba)在第四章解决了城市的金融发展,以及该发展与制度的因素有何联系的问题。作者对融通资金规划、资金来源、城市金融发展的创新活力都作了详尽描述,而且还特别关注了城市地带的收入不均和贫困问题。穆卢盖塔(Mulugeta)在第五章中深刻地讨论了提高非正式聚居区的档次的必要性。他注意到了经济、制度和财政都会限制城市的有效发展,他随后提出并分析了改善贫民窟环境的成功案例。最后,第六章为本书提供了综合的视角来分析问题。它也最终告诉我们政策制定者需要汲取的经验教训,并搞清不同参与者在城市发展中扮演的角色。

第二章

作为发展动力的城市

伊凡·图洛克(Ivan Turok)

引言

传统上,国际政策界一致认为城市化促进经济发展,并提高家庭收入。但是,对于在非洲城市化过程中能在多大程度上推动经济增长,以及如何在发展政策中达到城乡之间的适度平衡仍存在争议。本章旨在探讨城市对非洲经济发展和减贫的贡献,引出城市作为增长引擎的理论论点,并讨论城市在现有数据基础上对非洲环境的适用性。因此,本章研究了非洲城市经济面临的特殊挑战和制约因素,并确定了如果城市要发挥其发展潜力,政策制定者需要解决的一系列问题。

本章结构如下:本节的引言部分讨论了本章研究背景,并介绍了主要理论;第二节探讨了城市增长的一般争论,论述了集聚的优势以及城乡之间的相互作用;第三节则根据世界银行最近的一份重要报告,考虑了上述论点与非洲城市的相关性;第四节更详细地研究了随着时间推移城市经济的动态发展;第五节则研究了非洲城市在多大程度上遵循了这一轨迹;第六节讨论了非洲城市最近经济复苏的证据,包括外国投资所起的作用;最后一节给出了政府政策建议,从而有利于发挥城市化潜力,促进经济发展,提高平均收入水平。

国际组织越来越多地认为,城市化是繁荣和人类进步的源泉

(HM Treasury, 2006; United Nations, 2007; United Nations Human Settlements Programme [UN-Habitat], 2008, 2010; World Bank, 2009)。人们认为城市通过集聚和工业化来促进财富创造并创造就业机会；物质资本和智力资本密集通过规模经济、创意性问题解决方案以及改进社会分工（寻找生产商品和新产品的新方式）刺激经济发展。这些变化涉及了经济的重大结构转变，从农业向工业和服务业的转变历来伴随着各国人口的地域迁徙，即所谓的"城市转型"。在说明大规模的农村人口向城市迁移如何能够推动工业化并提高生活水平（World Bank, 2009; Ravallion, 2009）方面，中国经常作为当代的一个实例被引用。中国城市的平均家庭收入几乎比农村地区高3倍（Bloom & Khanna, 2007）。

但是，非洲快速城市化似乎并没有带来更大的经济活力（Rakodi, 1997; World Bank, 2000; Davis, 2006; Venables, 2010）。非洲是世界上最贫穷的大陆，其经济仍然严重依赖自然资源的出口，而非城市生产的加工产品及服务（African Development Bank, 2007; Ajakaiye & Ncube, 2010）。最近对全球90个发展中国家进行的一项重大研究发现，城市化与减贫之间存在着正相关关系，但该项发现在撒哈拉以南非洲地区不适用（Ravallion, Chen & Sangraula, 2007）。同样，《1999—2000年世界发展报告》指出，非洲城市在成为增长引擎方面是一个例外："相反，非洲城市是阻碍非洲大陆的经济发展和引发社会危机的部分原因及主要症状（World Bank, 2000, p.130）。"另一项国际研究也得出类似结论："城市化与经济发展和增长之间通常存在明确的正相关关系，但在非洲，这似乎并不适用（Kamete, 2001; Njoh, 2003）。"

"非洲没有经济增长的城市化"这一概念与至少另外两项显示城市化与发展之间存在正相关关系的系统研究相矛盾（Kessides, 2007; Njoh, 2003）研究了撒哈拉以南的40个非洲国家的数据，发现城市化与人类发展之间有很强的正相关关系。在更广泛的研究中，卡瑟迪（Kessides, 2007）证实她所研究的24个非洲国家中有15个国家在1990—2003年期间城市化与经济增长之间存在关系，她还表明，这一时期的国民经济增长来自城市基础产业，支持了城市作为增长动力的想法。

然而，非洲城市的贫困状况仍然普遍存在，而且还在不断加剧。大约43%的城市人口生活在贫困线以下，约60%的人靠非正规经济部门谋生，72%的人生活在"贫民窟"中（UN-Habitat，2008）。有人认为，非洲因农村干旱、农产品价格下跌和种族冲突等因素而过早地城市化，而非靠经济机会的拉动（Commission for Africa，2005；Annez, Buckley, & Kalarickal，2010）。事实上，四分之三的非洲政府认为非洲的城市化是过度的，并制定了遏制农村人口向城市迁移的政策（United Nations，2008）。由于城市中出现了社会紧张、过度拥挤和物质匮乏，加上传统家庭结构的崩溃，以及犯罪和疾病的蔓延，政府的反城市情绪越来越强烈（Mc Granahan, Mitlin, Satterthwaite, Tacoli, & Turok，2009）。毫无疑问，这些城市通常被视为环境问题的根源和对社会秩序的威胁，而非扩大经济机会和减少贫困的潜在机制。

无论政府的立场如何，独立观察家都认为非洲的城市人口将继续强劲增长，这既包括自然变化（生育人数超过死亡人数），也包括农村地区人口迁移（Mc Granahan，2009）。全球历史表明，城市化是不可阻挡的，大多数阻止城市化的尝试都是失败的（Beall, Guha Khasnobis & Kanbur，2010）。托达罗（Todalo）的移民模式（2000）在发展政策中具有很大的影响力，它鼓励对农村经济的公共投资，以提高农村收入，从而减少人们向城市迁移的动力。但是，几乎没有证据表明这一战略在实践中发挥了作用。

2008年人居署预测非洲城市人口将在未来20年翻一番，其中大部分人口增长来自城市。农村人口向城市的迁移部分是出于生存考虑，部分是为了获得生存技能，同时，它还受到追求其他资产的需求的驱动，特别是对那些选择放弃以自然资源为生计的人而言。有证据表明，农村转移人口在迁往城市地区时，就在经济上做出了合理的决定（United Nations，2007；White, Mberu, & Collinson，2008）。因此，如果政府将城市问题视为过度城市化的症状，将贫困归咎于城市,并试图通过阻止农村人口向城市转移来应对,就会出现极大的危险,并可能导致人们更难摆脱贫困。政府未能为城市的持续增长作出规划也将限制国家的经济和社会发展,尤其是剥夺了城市对基础设施和服务的基本投资时,这种情况将更加明显(Bloom & Khanna, 2007; Kessides, 2007; Venables, 2010; World Bank, 2009)。

越来越多的组织认为,如果管理得当,城市化可以成为实现全面繁荣的力量(Kessides, 2007; Martine, Mc Granahan, Montgomery, & Fernandez-Castilla, 2008; UN-Habitat, 2008; United Nations, 2007)。如果缺乏适当的条件,快速的城市化可能会导致混乱和人类苦难。运营良好的城市将促进更具进取精神和生产力的活动,促进贸易并吸引外国投资。但除了这一粗略的论断外,非洲城市经济如何随着时间的推移而发展,以及哪些特定条件能够帮助城市应对未来20年人口翻倍所带来的深远影响,还存在着极大的不确定性。人们将如何谋生?地方经济的构成将如何变化?以及如何创造收入来支付基本服务,以确保城市更宜居、更健康、更具弹性和更有生产力?非正规部门非常重要,约占非农业就业的78%,占所有新就业岗位的93%,占城市就业的61%(Kessides, 2006)。但是,它的运作资本少,技能低,附加值也低。因此,它不能为持续增长和全面发展提供可靠的基础。

普遍缺乏对非洲城市经济的研究及有力的证据意味着在知识和理解方面存在着许多差距。统计证据的不足使评论员只能作出笼统的概括,并作出两极分化的解释。尽管城市化程度不同,经济条件多样化,但整个非洲大陆各国之间的差异很小。对非洲城市经济发展动态的认知缺乏是一个具体的政策问题,因为越来越多的国际证据表明,就业是减少贫困的最佳途径,因为就业能够为人们的生活提供更有保障的生计、尊严、意义和结构(OECD, 2008a; Turok, 2010a)。

最初的千年发展目标(MDGs)将根除贫困确定为首要优先事项,但在2007年修订目标之前,该目标并没有提及就业,且对城市地区的影响也很小。对于许多选民和纳税人以及国际捐助者而言,政府对创造就业机会和经济发展的支持可能比某些形式的福利支出更为可取,因为受益者正在积极地为社会作出贡献。与其他一些类型的政策相比,更好地了解城市经济有助于决策者制定更高和更好的就业增长道路,并以更具成本效益和可持续的方式作出扶贫发展方案。

为什么城市化对经济具有重要意义?

纵观历史,城市一直与经济、社会和文化进步的进程联系在一起(Beall & Fox, 2009; Castells, 2000; Hall, 1998; Jacobs, 1969),这对国家和地方经济都是有利的。"城市发展对经济和社会发展至关重要,没有一个国家能够通过将其人口留在农村地区而在现代实现显著的经济增长"(Martine et al., 2008, p. 3)。经济进步往往依赖于城市人口增多,从而增加劳动者和企业家数量,并促进相互学习和创造,而这又反过来产生了资源,以支持持续的城市化(通过基本的基础设施和服务)。这种良性循环的结果是国家生产力的提高,平均收入的提高,从而实现全面繁荣。

城市化的经济原理基于两个基本概念:劳动分工和规模经济。前者由亚当史密斯提出,它解释了生产者专业化带来的生产力效益,解释了从工艺品生产到工厂生产的巨大飞跃,引发了18和19世纪的工业革命。

规模经济通常被称为规模报酬递增。这涉及两个方面:一是内部规模经济,指的是较大的生产单位所产生的效率,较大的公司可以在较大的产量上分摊固定成本(租金、费率和研发等),并以较低的价格购买原料投入生产;二是外部规模经济(或集聚经济),它是指公司靠近其客户和供应商以降低运输和通信成本而获得利润,还包括靠近大型劳动力资源池,以及同一行业内的竞争对手和其他行业的公司。马歇尔(1920)是第一位认识到经济主体获得信息和思想、技能和共同投入的优势的经济学家。

空间集聚带来的经济收益可以概括为三个方面：匹配、共享和学习（Duranton & Puga, 2004; Rice, Venables, & Patacchni, 2006; Turok, 2004; Venables, 2010）。首先，与小城镇相比，城市能够更好地满足企业对劳动力、房舍、供应商和商业服务的独特需求，这仅仅是因为城市提供了更多的选择。在动荡和快速变化的经济中，市场和技术变化的灵活性和适应性非常重要，特别是当公司倾向于更加精简，更注重核心竞争力并依赖购买商品和服务而非内部生产的时候（Buck, Gordon, Harding, & Turok, 2005; Scott, 2006）。集聚使企业能够"混合和匹配"各种投入，获得稀缺的资源，并更便利地更换其劳动力队伍，以应对不断变化的业务需求。这些机会和互动降低了成本，促进了重组和增长，提高了企业的活力。在高流动率和快速变化的活动中，工作人员征聘和替换的便利性特别重要。

其次，城市也为企业提供了更优良和更广范围的共享服务和基础设施。他们有更优的研究和开发组织以供选择，从而协助产品设计和改良，并伴有广泛的教育和培训组织，以帮助工作人员的发展。通过更频繁的交通连接，更广泛的目的地范围或更高容量的电子通信宽带，城市也可以更好地与国内、全球客户和供应商建立外部连接。

第三，企业受益于城市的信息和思想的流动，促进产生更多的创造力和创新（HM Treasury, 2006; Jacobs, 1969, 1984; Porter, 1998）。聚集对于知识密集型职业和技术先进的活动具有重要意义，这些活动通过继续创造更高质量的商品和服务，使自己与竞争对手区别开来。在促进企业、研究中心和相关组织之间交流和分享复杂的想法方面，接近性是很重要的（Cooke & Morgan, 1998; Scott, 2006; Storper & Manville, 2006）。它使人们和公司能够进行比较、竞争和合作，创造一种自我强化的动力，激发创造力，吸引流动资本和人才，并产生内生增长。头脑风暴、相互学习和交流隐性知识比远程电子通信更有效。密切接触使技术和科学工作人员的正式和非正式网络得以出现，从而促进各种合作项目。城市"体现了内生增长的过程,从而使资源以新的方式得到更有成效的利用"(Kessides,2006,p.13)。

规模经济也适用于许多公共服务和消费。在城市中提供诸如卫生、环境卫生、电力和通信等公共服务的成本更低,更便捷(United Nations,2007;Martine et al.,2008)。大量人口的综合消费能力也刺激了新的消费品和便利设施,例如休闲和娱乐活动,这些活动吸引了更多的就业来创造投资、旅游和人口增长(Glaeser & Gottlieb,2006)。

城市具有文化活力、社会基础设施和职业选择,有助于区域和国家吸引生成和利用知识和建立动态竞争优势所需的技能和人才。一些消费设施仅适用于大城市,如大型娱乐场所、会议中心、特教中心和健康中心。城市还提供更多的购物、餐饮、酒店、体育设施和职业选择,以吸引人们参观、学习、生活和工作。新的移民转移到城市可能会创造新的机会和新的需求。他们可能会提供新技能和新观点,并对体制创新提出新的要求(Beall et al.,2010)。

集聚的优势可能会被集聚的不经济抵消,例如交通堵塞、过度拥挤、对自然资源和生态系统的压力以及城市中劳动力和财产成本的增加。如果城市化规划和管理不善,剥夺了城市的额外基础设施能力的基本公共投资,这些不利因素就会增加。其直接影响可能是抑制私人投资,降低城市生产力和抑制增长。随着时间的推移,低价值、土地密集型活动(例如日常生产、分销和仓储)可能会慢慢分散,远离大城市。

如果拥堵和额外成本不过高,经济核心可能升级为高附加值产业和高技能职能和职业,从而提高平均收入和生活水平。只要上述福利不被城市精英所利用,城市日益繁荣也可能为改善社会和文化设施、公共基础设施和服务提供资源。因此,改善服务和设施可以改善普通民众的生活质量和主观幸福感。

受益于投资、技术和就业的溢出,分散化的过程有利于城镇和农村地区的发展。内陆地区还可以从城市现有的大型市场、物流系统与更广泛的国内和国际市场共享基础设施并从中获益。农村地区可以为城市消费者提供初级产品、能源、水、休闲和娱乐设施、废物处置场所以及标准化的商品和服务。在可预见的未来,农村地区也可以通过重新造林作为碳注入来增加收入,以抵消城市的碳排放。迅速发展的气候变化议程和对可再生能源的探索也为农村地区提供了各种机会,使其经济多样化,并在城市地区开辟新的市场,例如生物燃料的生产。

农村工人可以通勤或迁移到城市劳动力市场,为其原籍地带来大量的现金汇款。在贫困问题的主要国际研究方面,已发现城市化在减少农村贫困方面发挥着重要作用,特别是通过汇款(Ravallion et al., 2007),这是因为向城市地区迁移的贫困农村移民增加了生活在城市的贫困人口比例。事实上,一个非常重要的发现是,城市化对农村贫困的有利影响超过了城市地区。

对从乡村迁往城市的人口加以广泛的关心,对非洲来说是个重要课题。尽管有些迁移是暂时的,也许是在乡村发生干旱或者冲突时被迫离开,以谋求一条生路。另一些人也许是为了攒足钱在乡村购买土地、房屋、家畜(Mc Granahan et al., 2009)。这是众多的"投入的投资组合"中的一个,或是城市活动所支持的家庭收入的净余利润(Ellis & Harris, 2004)对乡村加以投资会使人们在晚年返回乡村成为可能,或者是当他们在城市的工作、生计、置业出现不稳定和危机时,他们能够返回乡村。这些观点论证了城乡区域之间如何在机能上相互补充。城市和乡村的发展并不是相互排斥的。认为城市化必然会损害乡村地带的观点也是错误的。城乡之间通常情况下应该是相互促进的,并在人群中依据需要分配资源和机会。

有证据表明,贫困程度越低且高价值农业生产越普遍的农村越靠近城市中心(Kessides, 2006)。距离摩擦(或与地方之间的旅行相关的成本)意味着城市周边地区享有获得城市经济机会和教育、卫生和社会设施的权利。接近性使农业、园艺、矿物和工艺产品的农村生产者能够获得更多与市场有关的最新信息,包括消费者的偏好、价格预期和质量标准等,使其通过多样化活动实现创收成为可能,并且免受环境威胁和价格波动的影响。还有一个例子就是旅游业,它通过提供各种自然和文化体验来连接农村和城市地区的活动。应当能够利用城市及其周边地区之间日益增强的相互依存关系,支持更广泛的农村发展并实现国家减贫目标——有时也被称为共同或包容性增长进程。

随着时间的推移,城市增长及其影响将扩展到更广泛的区域,部分原因是运输成本的降低,城市地区或大都市地区的功能区域作为一个持续的建成区变得比城市更重要(Neuman & Hull, 2011; Parr, 2004, 2008; Scott, 2001)。将一系列活动和住区类型纳入城市系统,可以发展出多个中心,形成"多中心"结构,这些中心具有不同的功能,并形成专业化和分工(Hall & Pain, 2006; Parr, 2005; Turok & Bailey, 2004)。具有知识创造、研究和综合思想等高级功能的中心可以与世界其他地方的大都市区建立联系,并成为更广泛的全球贸易和信息交换系统的枢纽(Castelles, 2000; Hall & Pain, 2006)。

策划这些的过程非常困难。那些最成功的多中心城市似乎是在一段时期自然、自发扩展而成的。而不是人们试图创造一个城市中心,或是通过新建基础设施,或者通过财政手段刺激、培育一个新的经济增长支撑点(Parr, 1999)。对此的主流观点是通过升级现有的基础设施增加额外容量,以发挥固有的潜力,取得经济发展成果,来加强区域发展。这种观点倾向于聚焦当前现有的基础设施的发展压力与负载容量。

如何与非洲产生关联?

世界银行是少数几个倡导城市化(尤其是在非洲)发展政策的国际组织之一。特别是在 2009 年,《世界发展报告》(World Bank, 2009)重点讨论了这一主题,并从世界各地收集了大量研究和历史证据,为城市在促进经济发展中的作用提供了有力的论据:

在过去的两个世纪里,不断发展的城市、流动人口和蓬勃发展的贸易是发达国家取得进步的催化剂。现在,这些力量正在成为发展中国家最具活力的区域的发展动力(World Bank, 2009, p.13)。

《世界发展报告》关注的是领土的三个特征,它认为,这些特征在长期增长中发挥着重要作用。它们分别是密度、距离和分化。密度是指特定地点的活动和人的集中。距离是国家内部和国家之间经济中心之间的差距。分化是指地方之间贸易、移民、资本和信息流动的障碍。《世界发展报告》认为更高的密度、更短的距离和更低的分化程度支持了资源型经济向工业经济的转变。通过现金转移和改善公共服务,创造了大量的正式工作就业机会和大规模财政转移,支持了农村地区。

《世界经济报告》在很大程度上受到了"新经济地理"的影响(Krugman,1991),认为经济增长不可避免地是不均衡的,并且由于聚集的力量而集中在主要城市。它认为政府应该支持而非限制城市化。他们应该通过改善基础设施和提高土地市场效率来实现城市化。农村地区的公共服务(特别是水、卫生、保健和教育)应使人们具备在主要城市地区获得工作的技能,同时防止人们因缺乏当地设施而被迫转移的情况出现。

应鼓励落后地区和农村地区通过汇款和循环移民从城市繁荣中获益。交通运输互联互通的改善可促进城市与内地之间更大程度的"经济一体化"。改善货物、投资、人员和信息的流动将有助于有效地分配收入和财富。因此,尽管增长是不均衡的,但如果落后地区能够更好地获取城市产生的财富,增长仍然是可以实现的。最后,《世界发展报告》指出,应努力减少国家间跨境贸易和资本及其他资源流动的障碍,以开放市场,促进经济加速增长。

非洲成为了受到特别关注的对象。它是世界上人口最分散、城市化程度最低以及运输成本最高的国家,由于殖民地历史,其国家边界的分化程度和扩散程度也最大（表2.1）。因此，非洲大陆必须提高密度，缩短距离，减少国家间的分化，以刺激经济增长。反城市情绪也需要改变："城市化，做对了，能比其他措施更有助于非洲的发展（World Bank，2009，p.285；Venable，2010）。"低效的城市土地市场，加上非正规的土地保有权制度和糟糕的基本服务，阻碍了有效的城市系统和发展。农村设施不足导致低技术水平的农村人口向城市转移，这使贫穷集中在城市，造成了环境肮脏、社会紧张和不稳定。运输基础设施薄弱，阻碍了城乡互动和国际经济流动（Naude & Matthee，2007）。

表2.1 世界主要地区比较

区域	出口跨境贸易时间（天）	平均运费（每柜到巴尔的摩美金）	内陆国人口（%）	国家数与表面积之比	道路密度（每平方千米，1999）	预估国内冲突的数量（1940—2000）
东亚和太平洋	24	3,900	0.42	1.44	0.72	8
欧洲和中亚	29	n.a.	23.0	1.17	n.a.	13
拉丁美洲和加勒比海	22	4,600	2.77	1.52	0.12	15
中东和北非	27	2,100	0	1.60	0.33	17
南亚	34	3,900	3.37	1.67	0.85	24
撒哈拉以南非洲	40	7,600	40.2	2.00	0.13	34

资料来源：World Bank．（2009）．*World development report 2009：Shaping economic geography*．Washington，DC：The World Bank．

最后，政府官僚机构为贸易和资源流动制造了极大的障碍，这也阻碍了经济发展。在非洲的54个国家中，有19个国家的居民人数不到500万，因此它们的市场很小。1884年，殖民列强瓜分了非洲大陆，每平方公里坐落的国家比世界上任何其他地方都要多。平均每个国家就有四个邻国，相比之下拉丁美洲仅为2.3个（World Bank，2009）。边境管制和关税阻碍了货物和人员流动，阻碍了整个非洲大陆统一市场的出现。非洲的经济通常是孤立的，小国可以从它们更富裕的邻国那里获得比现在更多的利益。运输成本高和边境延误也使非洲许多内陆国家的进出口程序复杂化。

《世界发展报告》的假设是，经济繁荣几乎不可避免地出现在人口日益集中和分化程度日益降低的区域。国家的作用基本上是提供公共产品、基础设施和普及基本服务。该分析的一个薄弱之处是，它对时间尺度以及这一自然过程可能需要多长时间才能将收入提高到贫困线以上并消除贫困等问题含糊不清。欧洲和北美的历史经验表明，这可能需要几代人的时间。该报告在结尾处有这样的暗示："这份报告强调了从小处做起并使预期切合实际的重要性。'区域一体化'需要时间（World Bank，2009，p. 285）。"急于通过经济发展加速减贫的地方或国家政府采取的更多直接措施并未得到认可，因为这不被视为是国家职能。

《世界农业发展报告》的框架可以理解为，在任何一个特定的国家都适用于促进发展的通用方案，其背后是一个因果模型，它认为城市化刺激或加速了工业化。这创造了财富，减少了贫困，但是，这种对经济动态的分析过于简单，而且过程不是自动化的。它似乎假定所有国家都必须走同样的发展道路，尽管有证据表明没有经济增长的城市化在世界范围内是一种相当普遍的现象（Fay & Opal，2000），但在某些情况下，城市化似乎不被视为是比其他因素更强大的增长来源。

最近的一项研究考察了大约80个国家在1960年和2004年这两个时间点上平均收入与城市化水平之间的关系（Bloom & Khanna，2007）。研究发现，城市化与收入之间存在关联，特别是在城市化水平较高的情况下，但两者之间的关联并不简单或是线性的，这一关联在1960年至2004年期间也得到了论证。其中，一个关键结论是，城市化与收入之间的关联"在低发展水平下相对较弱"（Bloom & Khanna，2007，p. 11）。

该研究比较了快速城市化对亚洲和非洲平均收入的影响，得出的结论如下：

在过去的45年里,非洲的城市化伴随着缓慢的经济增长,而在亚洲,城市化发生的程度几乎相同,但经济增长却是迅速的(Bloom & Khanna,2007,p.11)。

另一项仅针对非洲的研究发现,在所分析的32个国家中,71%的国家在1985—2000年期间的城市化和GDP之间实际上存在负相关性(Bouare,2006,White et al.,2008)。这意味着人们因贫穷和危机离开农村地区,而向城市地区的转移会破坏经济表现。

然而,他们的发现似乎与乔伊(Njoh,2003)和凯瑟迪(Kessides,2006)的研究相矛盾。后者的结论是:

> 非洲不能简单地被描述为"没有增长的城市化",这个词甚至不适用于许多国家。过去十年的经济增长主要来自城市部门(工业和服务业),表现较好的经济体尤其如此。但是,由于普遍的忽视和管理不善,城市显然没有发挥其生产潜力(Kessides,2006,p.xxii)。

因此,关于城市化与经济增长之间的联系,似乎有各种不同的信息。然而,所有的研究可能都与以下结论一致:如果没有城市化,非洲的收入增长可能更加缓慢。他们还指出,一系列其他条件至少与决定收入增长的因素同样重要,包括提供技能、投资资本和支助机构,在某些情况下,这些机构显然比在其他情况下更为强劲。因此,世界上有许多繁荣的城市没有增长,就像许多快速发展的贫困城市一样。如果城市化和经济增长之间的这种因果关系确实起作用,则可能需要很长时间才能在贫困和失业问题上取得重大进展。对于面临严重困难的公民来说,无限期等待其生活水平的实际改善是不合理和不现实的。

《世界城市发展报告》认为城市经济是一个黑匣子,没有充分说明其发展机制,只是假设城市化与增长之间存在简单的线性关系,没有区分所谓的广泛增长形式(在更大规模上复制同类活动和工作)和渐进增长形式(开展更有价值的活动和更好的工作)。人们忽视了生产力的重要驱动因素,包括企业、人力资源和技术。这些因素对于从主要是非正式的、生存至上的和基本的贸易活动向高价值的工作发展,以及从简单的初级产品(农业和矿物)开发向资源加工、制造和服务发展,都发挥着重要的作用。尽管有证据表明,超过一定程度,人口密度意味着过度拥挤,特别是在普遍贫困的情况下,会增加社会紧张和对住房等稀缺资源的冲突,但《世界城市发展报告》仍将城市人口密度视为一个明显优势(Davis, 2006; Turok, 2001)。

此外,在倡导领土之间的"经济一体化"作为促进包容性增长的一种方式时,《世界发展报告》淡化了一个事实,即如果地方一开始就具有不平等的经济能力,那么将其经济联合起来的结果可能是产生更广泛的不平等。相对富裕的地区和国家很可能会通过从较贫穷地区汲取技能、资本和其他资源而进一步领先。收入、生产活动和就业的任何补偿流动都可能不足以抵消区域领先经济体和落后经济体之间日益扩大的分工。

在政策方面,世界人权会议对政府的作用持有保留看法,尤其对落后地区空间发展政策的可能性持消极态度。这不仅仅是"人为"的空间激励措施,以说服公司投资于他们不愿意投资的地方。世界各地有许多基础设施投资项目,这些项目经过精心规划及纳入全面的经济复兴方案,包括通过提高劳动力技能建设生产能力,再加上为中小企业的开办和发展提供的技术和财政支持,而产生了更大的附加值和全面发展(Pike Rodriguez-Pose & Tomaney, 2006; Turok, 2010)。

《世界发展报告》最大的漏洞可能是它需要强大的城市级机构(大都市政府)提供领导和战略能力来指导发展,长期看待问题和潜力,并在必要时引导、塑造和刺激市场。城市是一个复杂的系统,国家政府距离遥远,无法有效规划和管理其发展,也无法应对不可避免的危机。因此,他们需要具有多元知识和创收能力、与当地商业和住宅区保持密切关系,且能反应迅速、负责任的城市级机构,以便对环境产生持久的影响(Ahmad,2007;UN-Habitat,2008)。

有活力的城市经济是如何发展的?

聚集经济的分析框架以及密度、距离和分化的概念有助于理解经济发展的空间维度和城市的主导作用。同时,还提供了一些线索,说明为什么非洲的经济进展缓慢,并为改善这种状况提出了一些建议。然而,这些想法过于笼统,缺乏具体的参照点,无法就城市经济结构如何随时间演变提供更详细的见解。毫无疑问,城市化伴随着工业化,从而产生经济增长。这对为什么非洲城市的经济在20世纪80年代和90年代停滞不前甚至衰退提供的解释非常有限。

城市经济被视为一个黑匣子,而没有揭示其成分和动态。需要一个更详细的框架来理解城市不断变化的经济轨迹,并指明非洲的具体挑战。这需要认识到城市经济基础的重要性、对外贸易的作用和价值链的提升。生存型活动和仅在当地流通的活动只增加了有限的价值,产生较低的收入。

根据广泛的历史观察和凯恩斯主义的区域经济学,贾克布(Jacobs,1969,1984)确定了城市经济通常的一系列发展阶段(Bryceson & Potts,2006)。可持续经济增长的基础是基本的基础设施、服务和商品,包括稳定的粮食供应、水、住所、安全、运输和通信。一旦这些基本要素到位,城市就能够更快、更安全地增长;第二阶段(经济活力)随着外贸(进出口)的增长以及支持这种贸易的设施和服务(如储存和分销[物流])的增长而出现;在第三阶段,通过以当地生产替代进口货物(城市进口替代)来加强增长。这增加了城市经济的多样性并扩大了规模,尽管这些商品和服务往往会复制其他地方生产的产品而不是原创产品。根据贾克布的说法,进口替代可以增加当地的基础设施、技能和生产能力,如果以前的进口产品在当地生产,然后出口到其他城市,就可能带来快速增长。

第四阶段通过为新市场构思和创造新兴产品和服务,提高了独创性和创新性,增强了城市的生产力和生产规模,使其具有真正的独特性,与其他城市经济相比具有不同的优势。有人可能会补充说,公司可以根据产品设计和质量而非成本来收取溢价,并超越竞争对手(Turok,2009)。在经济复苏和复兴的第五个阶段,旧的技能和活动被新的想法和投资所替代,而非允许过时和衰落。这些城市充分利用其生产资源,通过创造性的解决问题和创业发现来避免冗余、失职和社会问题。

这是对成功的城市经济日益多样化和复杂化的有效说明。随着城市的成长和发展,不同的活动变得更加相互依存,增加了城市的整体活力和适应性。它强调城市是开放的、面向外部的系统,与其他地方的贸易是至关重要的。生存和流通活动不会产生太大的增长。真正的繁荣(和强大的地方乘数效应)取决于当地生产有用的商品,提供有用的服务。城市必须利用当地劳动力来增加自然资源和其他地方生产的产品的价值,而不是简单地分配和交换它们。生产企业的效率越高,资源越丰富,最终的创新性越强,创造的财富和就业机会就越多。避免自满和"锁定"过时的结构和停滞的市场,对于提高生产率和强劲的长期业绩也很重要。

非洲城市经济轨迹

非洲城市在多大程度上沿着上述方向发展?如果没有,为什么停滞不前?杰恩·贾克布所建议的阶段并不是整齐的顺序,在实践中它们是重叠的,但是从更简单的本地活动向更复杂的外部相关功能的转变中存在着基本的逻辑。非洲城市是否已从基本的贸易角色发展到更具附加值的活动,如制造业、市场营销、设计、科学技术和先进的生产者服务?生产在多大程度上超越了以技术为基础的流程,以内部规模经济进行更充分的分工,从大规模生产低价值产品转向更灵活、更小的批量生产和定制的高端产品和知识密集型服务？简而言之，非洲城市经济在何种程度上可以称为复杂和富有成效的？

遗憾的是，尚缺乏详细的分析来回答上述问题。至少，过去的十年学者一直严重忽视对非洲城市经济的研究。众所周知，以国际标准衡量，大多数非洲经济体的总体生产率（人均 GDP）非常低，这也是平均收入非常低的主要原因。由布里瑟森和博特（Bryceson & Potts, 2006）所编写的文章提供了一些论据，说明了为什么大多数非洲城市没有充满活力的经济的原因。城市人口增长超过了经济发展，农村贫困、冲突和自然人口增长的驱动因素比经济机会的驱动因素更强劲。

作为沿海港口或主要的火车站，大多数非洲大城市都占据良好的战略位置，可以从事国内和国际贸易。然而，以世界其他城市的标准来看，其生产性投资较低。劳动力专业化落后，生产过程在大规模的非正规经济中尚不成熟。大多数城市居民的购买力很低，而消费需求是发展和现代化的动力。"简而言之，他们的经济内容缺乏活力、专业化、多样性以及规模经济，而这些通常与城市生活息息相关"（Bryceson & Potts, 2006, p. 324）。

在城市经济发展的各个阶段，许多非洲城市的基础设施和服务存在明显的缺陷，包括可靠的电力供应、供水、电话服务和高效的运输系统（World Bank, 2009）。由于这些基础设施和服务因素在其他商业地是普遍存在的，因此，这对非洲城市引进外国直接投资制造了障碍。完全缺乏电力和营业场所以及缺乏全面的安全保障是寻求在非正规城市住区开办和发展的企业面临的特殊问题。

现有的证据表明，大多数非正规企业的类型局限于零售业（小贩和路边店）（Rogerson, 1997），缺乏增值流程，没有必要的基础设施，升级空间很小。识字和计算能力差是阻碍人们摆脱生存活动进入更有活力的企业或利用他们在非正规部门的经验进入正规就业的额外复杂因素。在这些地区，模仿似乎比创新或实验更为常见。

第二阶段是为更广泛的市场(可交易的)生产商品,这对更强劲、更可持续的增长至关重要。许多非洲城市在独立后开始发展制造业,当时各国政府试图从出口基本农产品和矿产转向多样化。然而,出于种种原因,包括强制执行结构调整方案和企业管理不善,这一想法普遍没有成功(Rakodi,1997;Bryceson & Potts,2006)。人们还常说,政府对创办和经营企业的要求过于复杂,使投资和经营成本过高(Wang & Beall,2008;World Bank,2009),导致非洲在世界出口中的份额从1970年的7%下降到2000年的2%(African Development Bank,2007)。

大多数城市似乎保留了局限于国内市场消费品的剩余制造业部门(通常是食品加工、家具、肥皂、啤酒、纺织品、香烟、水泥和其他建筑材料);由于缺乏资本和技术,加上对向欧洲和美国出口的增值农产品征收过高的关税,非洲丰富的初级商品加工业发展缓慢。非洲大陆出口总额的60%仍然是初级产品,主要是农产品和矿产品(African Development Bank,2007)。贸易活动往往主导着非洲的城市经济,包括零售、分销和进出口服务,由于附加值低、波动性大和叠加效应低,无法提供强大的经济基础。这些工作的薪酬较低,且工作环境比制造业更危险。许多城市已渐渐成为石油和工业产品进口的门户或仓库。除了处理矿产出口的城市外,多数港口城市的出口在减少。比较典型的例子是蒙巴萨、摩加迪沙和达累斯萨拉姆,它们是以进口货物为主的港口;卢安达、贝拉和马普托,其出口均衡度较好,包括了石油和矿产。机场也扩建了,商业、政治和捐助组织带动了旅游业和国际旅行。然而,非洲的分裂仍然意味着规模经济的缺乏,有48个国际机场在争夺相对较少的空中交通资源,还有33个小港口在争夺进出非洲大陆的廉价货物(World Bank,2009)。

以本地生产取代进口货物的第三阶段,普遍未能达到。但是,出现了一个例外,即许多非洲城市的城市农业增长了,包括种植作物和饲养牲畜,垃圾收集和废物回收也增长了。然而,这些都是为应对家庭收入不足而开展的非常小规模的生存活动,其扩展范围有限(Rogerson,1997)。降低国家关税壁垒和降低与集装箱化相关的运输成本反而导致了大量廉价品进口,特别是来自亚洲的进口。中国的纺织品、服装和家庭用品已经侵蚀了许多非洲城市当地的残余生产力(Southall & Melber,2009)。在南非等国,去工业化仍在继续,南非在种族隔离的进口保护下发展了大规模而多样化的国内制造业,但由于许多本地公司无法适应全球竞争,也很快被淘汰了(OECD,2008b)。

第四和第五阶段的创新和更新也很有限。这方面最明显的表现是非正规经济的零星发展。例如,非正规零售企业提供的数量较少的正规部门无法提供的商品(如传统药品),或在正规销售渠道相对稀缺的地方进行的发展(如非正规住区)。在人们掌握了相关技能的大型正规企业(如服装业)关闭后,出现了小型非正规制造企业。还有一些工作外包给非正规公司,以规避劳动法规和削减成本,尽管其规模远远低于印度。

不出所料,非正规工作的薪酬和条件往往较差,反映了资金、技能和技术的缺乏,其增长具有广泛的特征,是通过增加同样的小规模单位带来的,而非更高的生产力所创造的。因此,这是否是真正的发展仍是值得怀疑的,同时,这也意味着非正规企业往往在饱和的市场中经营,并为其所有者和工人创造低收入。因此,大多数专家认为,在没有国家能在信贷、技术援助和技能方面提供支持的情况下,在非洲出现一个充满活力、以增长为导向的非正规经济几乎是不可能的(Bryceson & Potts,2006;Gill,Kharas,& Bhattasali,2007;Rogerson,1997)。

在实践中,许多地方和国家政府即使不对非正规部门持敌对态度,也是不支持的,理由是非正规性损害了正规部门的利益,而且非正规部门不纳税。罗格森(Rogerson,1997)认为,如果能够沿着欧洲国家的"工业区"的路线发展"灵活的专业化"模式,让当地的小企业集群组成网络并进行合作,重新建立分工和规模经济,这一部门就有可能提高城市生产力(Gordon & McCann,2000)。

更通俗来讲,由于跨国公司的力量日益增强,其生产流程纵向解体，全球供应链的扩展，通过信息和通信技术以及廉价的运输，选定活动的离岸外包，发展一个更具综合性、具有强大乘数叠加效应和溢出效应的城市经济在当代环境中变得更加复杂（Friedman，2006；Gereffi，Humphrey & Sturgeon，2005）。

能够融入全球经济的非洲城市可能会受益于发展利基功能的机会（如特定商品的处理或呼叫中心的提供）。然而，建立具有高级职能和范围以形成自己命运的全面经济可能更具挑战性。城市政策制定者必然要求更好地了解全球价值链和生产网络，因为城市的命运越来越不仅取决于其内部发生的情况，还取决于市场、竞争、控制和依赖性之间更广泛的关系（Gereffi，2005；Coe，Hess & Yeung，2008；Yeung，2009）。城市经济的某些部分可与国际商业网络相联系，这些网络根据其所发挥的作用决定其发展道路。

因此，非洲城市经济可能会变得更加分散，低价值和高价值活动之间的联系会越来越薄弱，降低了升级的空间。部分是技术先进和国际化造成的，但大多数地方的经济空间很小，如石油和矿产资源的开采（Ampiah & Naidu，2008；Southall & Melber，2009）。由于低消费支出的需求受限以及供应跨国公司所需的能力不断提升，其他部分服务于国内市场，增长空间很小。结构性不平等可能会阻碍信息流动，限制向上的劳动力流动，并抑制本土企业的发展。追求基本生计和非正规交易的人可能会因低技能和信贷限制而陷入边际产品市场。国家控制街头交易、铲除棚屋和边缘化非正规住区的政策可能会进一步抑制生计（Potts，2007；Skinner，2010）。在这些条件下，大规模工业化和城市就业的正规化具有挑战性。

城市经济的高端发展可能需要国家的特殊支持来维持其全球地位，包括定制基础设施和税收减免。由于其对技术和人才的专业化需求（通常是从其他地方提供的），它可能会与其他经济体脱钩。政府的协调发展议程可能需要制定政策，通过"需求拉动"和"供应推动"事件，加强后向和前向联系，将城市经济联系起来。前者涉及引导成功的生产者向当地供应商采购，后者涉及构建当地企业的综合能力。这些措施应与公共产品服务用地、房地、电气化、教育等方面的重大投资一起进行。不同的行业必然为地方发展提供不同的可能性,需要采取不同的干预措施来实现这种潜力。价值链方法可能有助于理解正规和非正规经济之间的联系,从而确定最佳的政策行动地(Barrientos,Dolan & Tallontire,2003;Chen,2007)。

近期发展情况

对非洲城市经济的评论往往对过去持否定态度,对未来持消极态度。人们常说,全球化阻碍了非洲的经济发展,这是因为人们通常认为,跨国公司利用了非洲大陆的自然资源,国际货币基金组织(IMF)和世界银行等机构也出台了不利于非洲发展的一揽子政策(Rakodi,1997;Southall & Melber,2009)。然而,近年来,出现了一些迹象表明其前景比过去的几十年更加光明。撒哈拉以南的非洲的平均经济增长率从 2000—2002 年的 3.5% 上升到 2005 年的 5.7%(African Development Bank,2007)。外国直接投资(FDI)从 2000 年的 90 亿美元增加到 2008 年的 620 亿美元(Leke,Lund,Roxburgh,van Wamelen,2010)。据联合国人居署(2008)估计,非洲城市的 GDP 占非洲大陆的 55%,而人口仅占 39%。

这一转变的主要原因是全球对初级商品的强劲需求,特别是石油、天然气、金属和矿物(如钻石和煤炭),这反映在大宗商品价格飙升上。例如,石油价格从 1999 年的每桶不足 20 美元上升到 2008 年的 145 美元以上。然而,非洲的四个主要出口产品是不可再生的,创造的直接就业机会很少,因此,经济复苏的基础相当狭窄。为了长期创造和维持财富,国民经济必须实现多样化,将这些资源转化为其他形式的资本,最好是可以比基本商品寿命更长的可贸易产业(Leke,2010)。

政府(和统治精英)从出口中获得了大量收入,但他们没有对多样化进行足够的再投资,以更广泛地分配利益,部分原因是机构能力薄弱和治理不善（African Development Bank，2007；Southall & Melber，2009）。出口繁荣进一步刺激了城市消费，抬高了房价，促进了投机性房地产开发。尼日利亚的城市已经显示出上述情况，而安哥拉首都罗安达是这种现象的最近例证。

出口的快速增长反映了与亚洲经济关系的加强。从1990年到2008年，亚洲与非洲的贸易份额翻了一番，从14%增长到28%，而西欧的贸易份额从51%下降到28%（Leke et al.，2010）。从1999年到2004年，对华出口每年增长近50%，其次是印度。两国都希望获得非洲的原材料、矿物和燃料，同时也希望他们的制造商能进入非洲市场。人们普遍希望，这将为非洲大陆创造新的发展机会，建立一个比旧的"南北"关系更公平的"东南"关系（Ampiah & Naidu，2008；Murray，2008）。

新型经济关系立即影响政府同时与多项长期交易谈判。非洲城市在扩大和深化初级产品和短期消费以外的贸易和投资模式方面发挥着关键作用，这些产品和消费增加了奢侈品进口，满足了当地精英的生活方式，并造成了宏观经济失衡。全球大宗商品的繁荣给国家和地方政府带来了更大的议价能力，从而谈判达成更好的交易，从自然资源中获取更多的价值。买家现在愿意提前付款（除了矿产开采的特许权使用费），并分享管理技能和技术。

国外投资可以帮助各国以更低的成本和更低的风险实现多样化，而不是从头开始。外国直接投资的一般来源是欧洲和美国，但中国、印度、马来西亚、巴西和南非本身也越来越重要。印度热衷于向非洲销售其ICT产品，包括电话和移动互联网服务。在过去的五年里，它向非洲提供了价值25亿美元的优惠信贷。

中国在非洲的投资承诺从2004年前的每年不到10亿美元增加到2006年的80亿美元（World Bank，2008），并在10个国家建立了800多个中非联合项目，对石油、木材、矿产和水电进行了大量投资。中国还为整个地区3000公里铁路线路的建设或修复提供了资金，包括重新开通连接赞比亚和刚果民主共和国（DRC）与安哥拉港口洛比托的本格拉铁路。中国已申请在刚果民主共和国获取大量铜和钴,并以60亿美元的公路、铁路、医院和学校投资为交换。简而言之,中国扮演着各种各样的角色,既是贸易伙伴、投资者、金融家、捐助者,又是承包商和建筑商(Wang & Bio-Tchane, 2008)。

须确保此类投资是有助于工业多样化和城市经济发展的,并且不仅仅是为了短期利益而加速利用非洲的自然资源或者创造与国内经济分开的狭隘飞地的。避免"荷兰病"或"资源诅咒"也很重要,也就是说,对一国基本商品的外部需求增加会增强其货币并同时损害现有工业产出和就业,或者使国内生产和就业投资的前景更加困难。

需要一个成熟的"发展状态"来确保提取合理比例的所得价值再投资于社会经济发展(Edigheji, 2010; Evans, 1995; Robertson & White, 1998)。其中一种机制可能是建立具有更强的后向和前向联系的工业综合体,以便在区域内嵌入外国直接投资,并创造更多的商业活动和就业机会。

该逻辑将特定价值链集中在一个地点(如出口加工区),从而最大限度地降低运输成本。供应商发展计划可以培养本地公司的技能和能力,为外国工厂生产中间投入品,或吸引二级供应商。"后续护理"方案可以使内向投资者相信,利用当地供应商总的节省了成本。鼓励工厂逐步升级,使其具备更高价值的功能、更好的技术和更环保的做法。外国直接投资本身可能不被视为目的,而被视为利用知识、技术和最佳实践的一种手段,从而发展国内企业和工人向更广泛市场销售产品的能力(Gallagher & Zarsky, 2007)。

自20世纪90年代初以来,南非已成为非洲其他地区的主要投资者,其直接投资主要集中在城市地区的以消费者为中心的企业,从事零售、酒店、啤酒厂、快餐、手机、银行和建筑等行业。寻找市场的动力大于对矿产和石油的驱动力(Southall & Melber, 2009)。SABMiller(南非啤酒厂)就是一个很好的例子。1992年以前,它在南非以外地区没有任何业务,但当前在其他10个非洲国家有

19家啤酒厂，还有装瓶厂、配送站和行政设施（SABMiller，2010）。这是对其他大陆大规模运营的补充。该公司利用其在20世纪80年代和90年代非洲转型期间获得的知识，打造了新兴的中产阶级年轻消费者渴望的新品牌，并将其应用于其他经历类似社会变革的经济体。其通过收购坦桑尼亚、赞比亚、莫桑比克、津巴布韦、乌干达和安哥拉等国的前国有啤酒厂并使其现代化而迅速扩大。

在这些国家中，啤酒酿造被认为无法与南非竞争，所以这些国家在深思熟虑后找到了潜在的增长点——"我们所要做的就是向消费者提供他们买得起的凉啤酒"（SABMiller行政主管，个人采访，2009年7月7日）。增长量取决于生产与分配的基本效率，这与其他市场饱和地区营销才是关键的理念有显著不同。面对原材料和政府加税使得啤酒价格暴涨的局面，SABMiller采用非洲当地作物酿酒，并采用一条龙供应，鹰牌啤酒就是一个很好的例子，它采用当地高粱酿造，并采用更小的瓶体灌装或采用散装以使其销售价格进一步降低。这家公司也在与一些国家的农民合作，发展适用于酿造啤酒的作物产品，包括玉米和木薯。

经济实惠的产品应该吸引消费者从购买不受管制的家庭酿造酒到更高生产标准的商业啤酒，更正规和规范的酿造将使政府能够从更高的税收中受益，并为当地农民提供经济机会。意识到不被视为新的殖民主义者，该公司还与其他酿酒商投资开办合资企业并积极地承担社会责任，促进社区发展并执行工人健康计划。落后的运输基础设施是增长的障碍，无论是将原材料运输到啤酒厂还是将成品运送给消费者。在许多非洲国家，消费者的低收入和缺乏熟练的管理人员和工人是额外的限制因素。

这个案例说明了外国投资如何通过提供重要的资本和专业知识来提高生产力和促进创新，从而有助于经济发展进程。以消费者为导向的投资往往侧重于城市，但农村地区也通过刺激农业生产而受益。这个例子可以为城乡一体化的优势提供有力的说明。

结论

对于非洲城市化的经济影响以及它在多大程度上是一个积极的现象,存在着两极分化的观点。还就发展政策中城市和农村地区之间的适当均衡进行了辩论。不幸的是,由于缺乏系统的研究和有力的证据,难以解决这些差异。

毫无疑问,在可预见的未来,大多数非洲国家的城市人口增长会继续保持相对较高的水平,包括自然增长(出生超过死亡)和农村人口向城市转移。同样清楚的是,政府比其他机构更有利于影响其后果是否有利于社会经济发展。谨慎管理,城市化将有助于减少困难和痛苦;反之,管理不善,可能会加剧贫困并使环境恶化。

许多关于经济增长和发展的理论倾向于支持城市是繁荣和人类进步的源泉的观点。人口、资源和思想的大量集中能够提高效率,刺激生产活动,增加收入。它们促进了匹配、共享和学习的有用功能。城市还促进新的和增加的消费,并提供更有效的公共服务。

聚集的好处远远超出了城市的界限。农村地区得益于外来劳动力的现金汇款和城市产生的投资溢出。农村企业从城市中的大型市场以及将其连接到更广泛的国家和国际市场的运输基础设施中获益。在思考城市化的空间后果的同时,国家和地方政府以及发展机构必须认识到城市和农村地区之间的协同作用。应当把它们看作是相辅相成的,而不是以单独的城乡政策彼此孤立地规划。

随着时间的推移,城市经济具有更加多样化和复杂化的趋势。繁荣的城市具有创造力和创新能力,提高了城市的活力和适应性。已建立的活动得到更新和重新创建,有了新的想法和新的投资。资源丰富避免陷入过时的流程和停滞不前的市场。城市与更广泛的国家和国际信息、金融、贸易和移徙网络相联系。他们利用知识和技术,是积极的代理人的开发者,而不是外部投资的被动接受者。

关于非洲城市在多大程度上作为增长和发展的源泉,现有的证据是模棱两可的。人们有一个合理的共识,即它们没有发挥其创造经济机会和减少贫穷的潜力。与其他大陆快速增长的城市相比,它们的经济活力更弱。这一现象的确切原因尚不清楚,但是一个相当普遍的看法是,这是城市规划和管理不善以及缺乏投资引起的。

需要进一步研究,以便更充分地了解城市经济发展和扶贫的障碍。这对于确定促进更强劲增长和改善生活条件所需的具体政策也很重要。必须对分析和政策行动采取更有差别的办法,以超越对非洲大陆的概括,承认并应对重要的次大陆和区域差异。

政策建议

尽管目前的知识状况,排除了制定详细政策建议的可能性,但本次调查产生了五大战略性影响,是高级别政策主题,需要根据具体的地方经济、社会和体制背景加以不同应用。

首先,毫无疑问,改善物质基础设施是提高城市生产力的先决条件之一。人口的快速增长给城市系统带来了巨大的压力。基础设施瓶颈和故障是效率低下的明显原因,是经济和社区的代价。在许多城市,运输基础设施(特别是公路和铁路)、发电、电信、水和卫生等方面需要增加投资和改善维护。这些系统的质量与投资的数量同样重要,涉及可靠性、安全性、可负担性和可获得性等问题。例如,就运输而言,投资以减少运行时间和运输货物的延误可能性可以带来宝贵的生产力效益(Rice,2006)。亚洲在非洲资源开采方面的投资所产生的额外资金将被用于城市基础设施的改善,这将是非常值得的。

第二,更有效的土地供应对经济发展至关重要。城市土地市场往往是非正规的、不可预测的和低效的。土地所有权混乱,土地获取和登记程序复杂,土地使用规划和建筑管理制度过于复杂(Berrisford,2010)。需要有更可预测、透明和一致的程序,以确保企业、开发商和投资者能够获得发展所需的土地,并确保提供必要的基础设施和服务,而不造成过分的延误或成本增长。更积极和灵活的规划程序将有助于预测城市增长,并应对由此产生的社区和企业需求。政府倾向于在土地压力和非法占有问题出现后作出反应,不太善于预先规划,也不太善于将企业引导到能够提供服务性土地和基础设施的优越地区,并对运输和土地使用进行协调管理。

第三,需要改善教育和技能培训,以确保潜在的劳动力能够适应当代城市劳动力市场,并能对企业生产力作出积极贡献。农村转移者往往受教育程度低,缺乏在正规部门工作所需的技能和能力。这些技能可能包括通用技能,如识字和算术,特定职业的具体技能,以及"软"技能,如机智、沟通和灵活性。同样的技能对于被迫在非正规经济中谋生的人也很重要,特别是如果他们要从生存活动向高附加值、更有生产力和更有活力的企业发展。对公众支持采取区别对待的办法可能是重要的,以区分有动机和能力发展更多实质性企业的人和作为最后手段不情愿地从事非正规企业工作的人。

第四,需要具备适当战略、财务和技术能力的强大和反应迅速的机构来提供领导和更好的公共服务。城市当局比国家各部门和国营企业在以下方面具有优势:他们在地方上对问题和机会有较清晰的认识;与工商界和居民社区的关系更加密切;他们整合不同职能的潜力更大。必须采取跨领域、基于地点的办法,以应对贫穷等多层面挑战,并将复杂的基础设施项目纳入当地环境。协调跨城市边界政策的治理安排对于管理广泛的城市地区的增长,促进与农村地区的经济互动以及避免政策矛盾、重复劳动和消极外溢也很重要。

第五,还有人主张制定一项全市范围的工业和商业发展政策,以便建立长期生产能力和促进经济多样化。其中一项内容是积极支持本土企业,从非正规企业到正规的中小型企业。其中许多国家需要获得商业咨询、培训和财政资助,以便成长和发展成为更有活力的单位,创造更高的收入,服务更广泛的市场,并创造更多的就业机会。另一个因素是吸引和提升外国直接投资的能力,以便吸收外部知识、技术和最佳做法,从而加强国内企业,使其能够向外销售产品,并使当地经济多样化。可制定方案,说服内向投资者帮助培养当地供应商满足其投入要求的能力,并鼓励他们自己的工厂随着时间的推移升级到更高价值的功能、更好的技术和更优的环境实践。

第三章

制度、地方分权和城市发展

埃德加·皮特塞(Edgar Pieterse)和
瓦伦·斯密特(Warren Smit)

引言

从 2005 年到 2010 年,非洲城市化的发展速度在全世界范围内是最快的(UN-Habitat,2012)。据估计,非洲城市人口有望从 2010 年的 4.41 亿增长到 2025 年的 6.42 亿(UN-Habitat,2012)。联合国人居署(2010)指出在撒哈拉以南非洲,新近增长的三分之二的城市人口都是贫困人口。换句话讲,据信,在撒哈拉以南非洲地区,其大部分城市居民将依旧生活在贫民窟中,这是因为非洲大部分的城市都缺乏制度、财政和政治资源来解决城市化发展阶段的相关问题。

贫民窟生活从根本上呈现了基础服务及其保障措施的匮乏,这种匮乏无法为现代生活提供潜在的生产力发展。在相关著作中,上述问题也有清晰的呈现,即经济的恢复力和经济的可持续发展都取决于高效的和极具生产活力的城市中心地带的发展,它们针对不同的经济部门,从空间范畴上穿越国界(Kessides,2006;OECD,2008;Scott,2006)。如果上述以城市为中心的体制不复存在或根本无效,经济则会经历一番特别重要的转变,这在反面否定了国家发展的成果。尽管在此问题上我们达成了相对广泛的共识,但大多数非洲政府的投资不足直接影响了必要制度框架和相关体系的确立，从而无法增强国家城市体系的有效功能。国际间的经济发展证实了上述制度框架的核心是需要充沛的资源、法律的认可、高效的运转、相当程度的自动化以及地方政府的民主化体制，这才能确保对市民和私有制公司的综合服务供应链完好，而且还可以使经济竞争优势显著化和最大化，但我们必须在深刻了解空间经济的特点和它的动态化机制后方可促成。

在本章中，我们将探讨非洲城市发展中制度层面的危机，而且也将认识到政治与政策上的障碍需要及时处理。之后的部分，我们将详尽描述非洲城市在发展层次、范围乃至维度上所面临的挑战，在此之后，我们对制度层面的危机有一段简要的分析。在制度层面中，我们聚焦于在整个非洲大陆过去的20到30年间，从城市发展的不平衡状态和地方分权改革的实践中可以学到哪些经验。地方分权改革是由非洲政府所提出的宏大规划，但事实上被证明是不切实际的改革计划。上述问题的讨论与过去10年间的经济持续稳定的增长，直到在2008年到2009年全球金融危机。正如联合国人居署在其书《全球城市国家2010/2011》所讨论的，这种经济增长在大多数非洲国家城镇的人居环境中没有任何快速的变化，即在很多非洲国家中，高度的普遍化贫困可以归因于在公共资源分配体系中的政治和制度层面的失败，当然，财政收入和劳动力的缺乏也导致了城市的贫困。与此相反的是，大多数案例中呈现了经济发展并未对城市贫困或收入不均的状况有所改善。

在这一点上，我们需要重点强调，很难概括非洲不同国家和区域之间的城市和经济环境的绝对化差异。特别是，非洲的城镇人口的增长率因地不同。例如，非洲30个低收入国家在2005年到2010年间，城镇人口年均增长率是4%，而其中9个中上等收入的国家增长率只有2.3%（UN-Habitat，2012）。另外，各国经济发展的环境也有相当程度的差异。例如，据麦肯锡全球研究所对非洲大陆乐观的经济评估显示非洲国家的经济有四种类型，即石油贸易；高度贫困和微弱的宏观经济体制下的预相变经济；高增长率，大量的农业部门（占GDP的35%），对多样化发展基础设施配套的需求;最后,提高生产力和技术层面下的多样化经济(McKinsey Global Institute,2010)。当然,也可以根据其他的方式把非洲国家和地区的经济分类。考虑到本章所涵盖的层次,我们很难解决多样化经济的发展与政府改革之间的关系问题,但我们需要注意的是,在非洲大陆的背景下了解多样化经济具有重要意义。

城市发展中挑战的范围、层次和维度

本节的目标是简要地概述非洲城市化的规模和速率,并且将与此相关的重要发展指标,例如基础服务途径、经济体制、环境绩效、贫困和收入不均一并纳入考虑范畴。

联合国人口发展基金有效地总结了非洲城市化的纵向动态化的发展模式,在表3.1中显示了这种隐藏于背后的转变:

> 在全世界范围内,20世纪见证了都市人口的增长,从1900年的2亿增长到2000年的28.4亿。21世纪也见证了过去40年间都市人口的增长。发展中地区占据了全部增长人口的93%,特别是亚洲与非洲国家所占据比例超过了总体的80%(UNFPA,2007,pp.7—8)。

从2000年到2030年,亚洲的城镇人口总量将会从13.9亿增加到27亿;非洲的城镇人口总量将会从2.88亿增长到7.44亿;拉丁美洲和加勒比海地区的人口总量将会从3.94亿增长到6.09亿。这些人口数量发生的变化表明,截止到2030年,发展中国家城镇人口占世界城镇人口的80%。到那时,在全世界范围内,每10个人中有7人是城镇居民(UNFPA,2007)。[①]

[①] 我们有必要注意到萨特斯维特的忠告,即城市规划不能不切实际。例如,到2030年,我们一定要谨慎地开展城市规划,因为对很多发展中国家而言,潜在的数据网络依旧还有相当之大的问题(Satterthwaite,2007)。

表 3.1 城市人口地域分布表,1950—2010,城市人口预测表,2025—2050

主要地区,地域,国家或地区	1950	1960	1970	1980	1990	2000	2010	2020	2030	2040	2050
世界	745495	1019638	1352419	1753299	2281405	2858632	3558578	4289818	4983908	5636226	6252175
较发达地区	441845	555970	670573	757975	827098	881344	957251	1018365	1064290	1099266	1127222
次发达地区	303650	463668	681846	995253	1454307	1977289	2601326	3271453	3919618	4536960	5124953
最不发达地区	14562	23194	40702	67571	106912	160599	233802	388163	476971	652038	860316
次发达地区,不包括最不发达地区	289088	440437	641144	927682	1347395	1816690	2367525	2933290	3442646	3884922	4264637
次发达地区,不包括中国	235138	351462	531372	791321	1131957	1499423	1916537	2398984	2934704	3510840	4096309
撒哈拉以南非洲	20069	33180	55643	89709	139414	206322	298402	426522	595544	810152	1068752
非洲	33004	53310	86568	134220	203383	288402	400651	551552	744485	938327	1264629
亚洲	245052	359955	505669	715234	1032275	1392232	1847733	2304715	2702525	3034947	3309694
欧洲	280602	344397	412199	466318	502983	514545	536611	557585	573494	584494	591041
拉丁美洲和加勒比海地区	69264	108540	163402	232955	311620	393619	456246	531235	585347	625144	650479
北美	109667	142856	170691	188118	212088	247911	282480	314905	344444	371234	395985
大洋洲	7907	10580	13891	16384	19056	21924	25875	29825	33614	37079	40346

资料来源:Untited Nations, Department of Economic and Social Affairs.

从任何角度来看，这些发展的趋势都是相当惊人的。但是，在它背后所隐藏的事实是，我们所讨论的是截然不同的城镇聚居区的类型。从更加细致的层面讲，绝大多数非洲城镇居民居住、且会长期居住于那些人口少于 50 万的城镇居民定居点。例如，在 2007 年，非洲有 52% 的城镇人口居住于人口少于 50 万的城镇定居点，相比之下，人口在 50 到 100 万之间的城镇人口所占比例为 10%，人口在 100 到 500 万之间的城镇人口所占比例为 27%，人口在 500 到 1000 万之间的城镇人口所占比例为 4%，人口超过 1000 万的城镇人口所占比例为 6%（UN-Habitat，2008a）。这在本质上截然不同与流行于城市化发展中的典型的大城市人口爆炸的情景。

无庸置疑，非洲大陆呈现出了城镇人口快速上涨的趋势，其城镇人口增长的幅度在全世界范围内都是数一数二的。在 2000 年到 2010 年之间，非洲城镇人口平均增长率以每年 3.3% 的速率递增（UN-Habitat，2008b，2010）。此番增长所带来的问题是，其中三分之二的人口增长是贫民数量的上升（UN-Habitat，2010）。在 1990 年到 2000 年之间，非洲城镇人口年平均增长率是 4.58%，然而，在同时期，城镇贫困人口却以每年 4.53% 的速率递增（UN-Habitat，2008a）。当然，在不同的生存环境下，贫困人口的生活经历及其状态具有本质的差异。正是基于上述原因，我们应将联合国人居署有关于贫困的论点牢记于心，此定义不仅是有效的，还具有指导性。

联合国人居署对贫困的理解是基于上述五个基本指标的范畴，当然，他的报告在列表显示的情境下也呈现了细微的差别，这种差异有助于我们更好地理解贫困，无论该贫困是指一般意义的匮乏（在专栏 3.1 的一个隐藏指标），还是严重匮乏，抑或极度匮乏。上述的发现表明，在撒哈拉以南的非洲城镇居民中，每 10 人中有 6 人是贫民，以及 37% 的贫困人口居住在极端贫困的环境中。相较于其他发展中地区，特别是北非地区的贫困人口比率是最低的，而上述地区的贫困人口比例异常之高（见表 3.2）（UN-Habitat，2008b）。

> **专栏 3.1　什么是贫民窟？**
>
> 贫民窟被定义为该种特定的群体生活在相类似的环境下，此环境缺乏以下一个或多个相应条件：能够使用净化水；有较为充足的医疗卫生设备；足够宽敞的居住空间（最多三人共享一间房）；居住环境安全；五分之四的贫困人口都以物质生活的匮乏为基准点……这些指标聚焦于贫困人口周遭的生活环境，缺乏相应物质生活资源所产生的贫困，这些都可以归因于贫困人口所居住的生活环境之恶劣所引发。在上述指标中，第五条安全居住保障，它必须具备合法性，但也正因为如此，我们很难找到衡量标准，正如贫困人口的生存状态经常取决于实际上或法律范围内所赋予他们的权利，抑或两者都不具备（UN-Habitat，2008b，p92）。

表 3.2　2005 年发展中地区贫困居民占比（%）

地区	贫困比率	一般贫困/严重贫困（1—2%）	极度贫困（3%及以上）
撒哈拉以南的非洲	62	63	37
北非地区[a]	14.5	14.6	0.6
拉丁美洲＆加勒比地区	27	82	18
南亚地区	43	95	5

[a] 只包括摩洛哥和埃及

资料来源：UN-Habitat(2008b). *State of the world's cities 2008/2009：harmonious cities*. London：Earthscan.

因此，当我们注意到基础服务中众多积压待办的事务时，我们司空见惯于这种常态。阿杜鲁（Ajulu）和莫察梅（Motsamai）（2008）所引用的世界银行的数据表明，在撒哈拉以南的非洲仅有 40% 的人口可以获得饮用水，仅有 20% 的人口可以使用电子网络，仅有 27% 的人口可以配备充足的卫生设施，仅有 4% 的人口可以使用固定或移动电话。这些综合的数据显示了乡村和城市地区的资源匮乏。

然而,我们都一致认可,在非洲无法获得充足水资源和卫生设备的城镇人口分别占据人口总量的 35% 到 50%,50% 到 60%(Tannerfeldt & Ljung,2006,p.60)。该数据显示了需要在城镇地带提供更为完善的基础设施。但是,上述数据因不同国家之间的差异而模糊不清。例如,这些数据对南非产生了反效果。这些较低的数据在某种程度上表明基础设施因缺乏长期的维护而停滞不前。基础设施网络覆盖率的有限性表明了城镇贫民需要支付大量的费用来维持每个社区的基础服务,而富人却享有大量的基础设施。简明扼要的阐述增强了论点的有效性,即表 3.3 展示了和其他城镇居民相比,阿克拉的城镇贫民无法使用自来水,该数据以指数的方式在表中呈现。

表 3.3 加纳阿克拉市的水费

水源	美元	使用者
一小袋(500 毫升)	0.2	面向普通大众,可在街区购买
30 包(袋)	5.08	面向普通大众,可在家内使用
供水管	0.043—0.064(增加了街区收费制度)	家内水管供应
售票小厅供桶装水		家内共享储水管
20 公升	0.75	
18 公升	0.56	
社区淋浴室	一次 0.15(在全市范围内,无论入浴者是否携带肥皂)	非正式居民 仅限使用淋浴

资料来源:African Development Bank;data collected by Ghana Field Office,2012/2013。

该表格强调了,城市基础设施的匮乏对低收入群体和已被切断网络基础服务设施的临近街区产生了不同程度的影响。但这并非是贫困居民和贫困地带的唯一不便之处。我们需要牢记于心的是,经济发展、居住环境和公共服务设施之间的固有差异是非常重要的。

从广义上来讲,经济基础建设旨在连结结构,这种结构包括:公路、海港、机场、车站,以及其他的交通运输或信息传递和通讯网络系统。家内基本设施的需求包含了水资源、卫生设备和能源。在一些国家,例如南非,房屋及土地这类物质财富是免费向贫困居民提供的。公共设施则意指公共的资源和空间,比如街道、人行道、广场、公园、社区大厅、图书馆、集市(它们也可以同样服务于经济基础建设)。特别是,之所以说权威阶层和利益群体使得经济呈现了不均衡的发展态势,是因为他们在看待经济发展的问题上会优先选择完善某一种类型的基础设施。所有基础设施的不均衡投资比例和有选择性的投资特定的服务项目,上述两者都会引发长期的城市贫困,这在无形之中也把结构上的不平等一并纳入城市贫困中(Parnell,Pieterse,&Watson,2009)。

非洲城市发展的不均衡态势是以基尼系数为衡量标准的。它也是全世界范围内基尼系数第二高的大陆。该地区城市收入分配的平均基尼系数为0.58(UN-Habitat,2010)。

这已经比国际警戒线的0.4要高,此地区的不均衡是异常之高(UN-Habitat,2010)。在较大的非洲经济实体中,例如南非,收入不平等情况严重到扭曲的地步,在该国家所有大型城市中,基尼比率均超过0.6。因此,考虑到城市贫困的增长速率是乡村的4倍之快,我们得出以下结论,即城市贫困很大可能保持上升的态势(见表3.4)。

表 3.4 非洲乡村和城市的贫困

	国家贫困线以下人口(%)				国际贫困线以下人口(%)			基尼系数	
	调查年	乡村	城市	国家	调查年	低于1.25美元	低于2美元	调查年	指数
阿尔及利亚	1995	30.3	14.7	22.6	1995	6.8	23.6	1995	0.353
安哥拉	2001	94.3	62.3	68	2000	54.3	70.2	2000	0.586

续　表

	国家贫困线以下人口(%)				国际贫困线以下人口(%)			基尼系数	
	调查年	乡村	城市	国家	调查年	低于1.25美元	低于2美元	调查年	指数
贝宁	2007	35.1	28.3	33.3	2003	47.3	75.3	2003	0.386
博茨瓦纳	2003	44.8	19.4	30.6	1994	31.2	49.4	1994	0.61
布基纳法索	2009	52.6	27.9	46.7	2009	44.6	72.6	2009	0.398
布隆迪	2006	68.9	34	66.9	2006	81.3	93.5	2006	0.333
喀麦隆	2007	55	12.2	39.9	2007	9.6	30.4	2007	0.389
佛得角	2007	44.3	13.2	26.6	2002	21	40.9	2002	0.505
中非共和国	2008	69.4	49.6	62	2008	62.8	80.1	2008	0.563
乍得	2003	58.6	24.6	55	2003	61.9	83.3	2003	0.398
科摩罗	2004	48.7	34.5	44.8	2004	46.1	65	2004	0.643
刚果	2011	74.8	—	46.5	2005	54.1	74.4	2005	0.473
刚果民主共和国	2006	75.7	61.5	71.3	2006	87.7	95.2	2006	0.444
科特迪瓦	2006	54.2	29.4	42.7	2008	23.8	46.3	2002	0.415
吉布提	—	—	—	—	2002	18.8	41.2	2002	0.4
埃及	2008	30	10.6	22	2008	1.7	15.4	2008	0.308
赤道几内亚	2006	79.9	31.5	76.8	—	—	—		
厄立特里亚	1993	—	62	69	—	—	—		
埃塞俄比亚	2011	30.4	25.7	29.6	2005	39	77.6	2005	0.298
加蓬	2005	44.6	29.8	32.7	2005	4.8	19.6	2005	0.415
冈比亚	2010	73.9	32.7	48.4	2003	33.6	55.9	2003	0.473

续 表

	国家贫困线以下人口(%)				国际贫困线以下人口(%)			基尼系数	
	调查年	乡村	城市	国家	调查年	低于1.25美元	低于2美元	调查年	指数
加纳	2006	39.2	10.8	28.5	2006	28.6	51.8	2006	0.428
几内亚	2007	63	30.5	50.3	2007	43.3	69.6	2007	0.394
几内亚比绍	2012	64.7	35.4	55.2	2002	48.9	78	2002	0.355
肯尼亚	2005	49.1	33.7	45.9	2005	43.4	67.2	2005	0.477
莱索托	2003	60.5	41.5	56.6	2003	43.4	62.3	2003	0.525
利比里亚	2007	67.7	55.1	63.8	2007	83.8	94.9	2007	0.382
利比亚	—	—	—	—	—	—	—	—	—
马达加斯加	2005	73.5	52	68.7	2010	81.3	92.6	2010	0.441
马拉维	2010	56.6	17.3	50.7	2004	73.9	90.5	2004	0.39
马里	2010	50.6	18.9	43.6	2010	50.4	78.7	2010	0.33
毛里塔尼亚	2008	59.4	20.8	42	2008	23.4	47.7	2008	0.405
毛里求斯	—	—	—	—	—	—	—	2006	0.389
摩洛哥	2007	14.5	4.8	9	2007	2.5	14	2007	0.409
莫桑比克	2008	56.9	49.6	54.7	2008	59.6	81.1	2008	0.457
纳米比亚	2004	49	17	38	2004	31.9	51.1	2004	0.639
尼日尔	2007	63.9	36.7	59.5	2009	43.6	75.2	2008	0.346
尼日利亚	2004	63.8	43.1	54.7	2010	68	84.5	2010	0.488
卢旺达	2011	48.7	22.1	44.9	2011	63.2	82.4	2011	0.508
圣多美和普林西比	2009	64.9	45	66.2	2001	28.2	54.2	2001	0.508

续 表

	国家贫困线以下人口(%)			国际贫困线以下人口(%)			基尼系数	
	调查年	乡村	城市	国家	调查年	低于1.25美元	低于2美元	调查年	指数
塞内加尔	2011	57.1	33.1	46.7	2005	33.5	60.4	2005	0.392
塞舌尔	—	—	—	—	2007	0.3	1.8	2007	0.658
塞拉利昂	2003	78.5	47	66.4	2003	53.4	76.1	2003	0.425
索马里	—	—	—	—	—	—	—	—	—
南非	2006	—	—	23	2009	13.8	31.3	2009	0.631
南苏丹	2009	55.4	24.4	50.6	—	—	—	—	—
苏丹	2009	57.6	26.5	46.5	2009	19.8	44.1	2009	0.353
斯威士兰	2010	73.1	31.1	63	2010	40.6	60.4	2010	0.515
坦桑尼亚	2007	37.4	21.8	33.4	2007	67.9	87.9	2007	0.376
多哥	2011	73.4	34.6	58.7	2006	38.7	69.3	2006	0.344
突尼斯	2010	—	—	15.5	2005	1.4	8.1	2005	0.414
乌干达	2009	27.2	9.1	24.5	2009	38	64.7	2009	0.443
赞比亚	2010	77.9	27.5	60.5	2006	68.5	82.6	2006	0.546
津巴布韦	2003	82.4	42.3	72	2004	61.9	—	2004	0.501

资料来源：African Development Bank, OECD, UNDP, & ECA. 2012). African economic outlook 2012. Retrieved from http://www.africaneconomicoutlook.org.

表3.5 撒哈拉以南非洲基础设施开销总览表(单位：10亿美元)

基础设施部门	基本建设费用	使用和维护费用	总开销
信息和通讯技术	7.0	2.0	9.0
灌溉系统	2.9	0.6	3.4

续表

基础设施部门	基本建设费用	使用和维护费用	总开销
能源	26.7	14.1	3.4
交通运输	8.8	9.4	18.2
水源与卫生设备	14.9	7.0	21.9
总计	60.4	33.0	93.3

资料来源：Foster, V., & Briceno-Garmendia, C. (Eds.). (2010年). *Africa's infrastructure-A time for transformation*, Washington, DC.

总之,在撒哈拉以南非洲有62％的城镇人口生活在贫困环境中(UN-Habitat,2008b,2010,2012)。在该群体中有37％的人口生活在极端危险的环境中(UN-Habitat,2008b)。当然,不出我们所料,城镇贫困人口的最新数据表明,物质生活质量低于2和1美元贫困线以下的人口以每年5％的平均速率递增(Ravallion, Chen, & Sangraula, 2007)。这些危险的趋势对城市内部的不平等状态产生了深远的影响,这也导致了众多的非洲城市比其他区域城市的平均基尼系数还要高(UN-Habitat,2010)。从短期效果来看,考虑到非洲基础设施建设的投资力不足,快速而有效的城市基础服务设施及其重大转变是不太可能实现的。世界银行2010年发布的报告清晰地呈现了非洲大陆所有基础设施的发展情况,包括了城市和乡村地区的基础设施发展(Foster & Briceno-Garmendia,2010)。报告阐述了非洲大约每年需要930亿美元来满足基础设施的建设,但仅有将近一半(450亿美元)能够用于建设。

非洲城市危机的制度基础

我们可以认为非洲城市化进程中伴随着严重的发展危机,其危机的产生很大程度上归因于外部因素。然而,这种说法却是不切实际的,因为尽管非洲大多数国家都面临着资源短缺的问题,但他们已经采取了诸多措施来更有效地解决上述存在的问题。非洲国家在解决城市化快速发展中的问题的方法可以归结为基础设施的制度化建设,这是所有非洲国家都无法回避的事实。首先,大多数非洲政府颁布了不准移民进入城镇地带的政策。这是源于他们担忧,虽然城市化的速率发展过快,但有效的立法措施与动态化的发展趋势不配套。在1996年,全世界有45%的政府制定政策,即减少乡村人口向城市聚集,到2009年,这一数字上升至62%(United Nations,2010)。非洲政府非常担忧在城市化进程中出现此类问题,在1996年,有54%的非洲政府制定了减少移民向城市聚集的政策,到2009年,有77%的政府也响应了该政策(United Nations,2010)。

第二,大多数非洲政府都有明确的国家城市化战略发展目标,此目标可以规范和引导策略性投资(Parnell&Simon,2010)。从广义角度讲,这源于非洲国家的政治情绪,即非洲经济发展的成功与否是由有第二次绿色革命之称的农业生产力的提高来决定的,它会把非洲大陆的经济发展放于合适的地位,使其与全球国际经济相接轨。值得我们特别关注的是,提高农业合作的新议程在何种程度上取代非洲发展新伙伴计划(NEPAD)的政策议程。当然,上述目标也是长期发展战略中非常重要的一环,这一环的实现却基于完善的城乡设施建设,由此可以扩大市场产品占有率和增加产品需求量。换句话说,为保证农业计划的顺利实施,我们必须考虑到基础设施的互通有无,以及城乡发展的长远眼光。

第三,从宏观政策到地方分权机制的施行都是以整体的执行力度为衡量标准,如果执行力极为不佳,则主要归因于财政资源的匮乏,国家领导阶层缺乏相应政治支持(Mabogunje,2007;Stren&Eyoh,2007:p.28)。这也是该制度复杂多样,在非洲因地和因国家的差异而不尽相同的原因。特别是,我们一定要关注,在大多数非洲国家,当下和传统当局的动态应对措施形成了对中央政府的挑战机制,从宏观布局来看,上述机制可能对卓有成效的地方权力下放之成果有阻碍作用(JICA,2008)。我们了解到现代历史中地方分权的非均衡性问题,同时,当下的现实情况将在本章的稍后章节中作出详细的说明。

第四,在大多数非洲国家,不同政府部门职能之间的分化确实是很难解决的问题,如处理不善,则会出现政府间无法弥合的冲突,政府运转效率低下。在大多数情况下,国家财政体制会把上述问题纳入考虑范畴,但这却对当地政府承担责任的意识形成障碍(UN-Habitat,2009a)。最后,政府缺乏公民社会的充足而有效的支持,必然会面对来自公民社会的压力,政治领袖只能视情况停留在令众人不满的城市发展和该政府的现状,这在反面表现出积极民主参与机制的缺失,上述缺失将会引起公民对政治透明度、政治义务和政治反馈机制的质疑。在第5节中,这些动态化的机制与随之而来的政策反馈都会在更广阔的视野中说明。

我们通过分析非洲国家当下的执行力度得出了如下结论,即治理指标可能影响城镇的竞争力。更多的政府达成如下共识,它们认为基础设施建设在经济发展,特别是在城乡经济发展中占据核心地位,据卡尔德隆(Galderon,2008)的说法,基础设施的匮乏将以每年2%的增幅阻碍非洲的发展。如果缺乏相应基础设施,特别是软件基础设施,则会影响生产力,增加生产和贸易的成本费,从而降低了公司的原有竞争力和政府对可持续经济以及社会经济的掌控力,从而阻碍整个经济的发展。表3.6阐明了易卜拉欣政府2011年的治理指标,该治理指标包含基础设施的提供和维护以及国家制度层面对基础设施建设的作用,例如,公共管理、法律规定和商业投资环境。我们需要在更加广域的制度议程及与之而来的民主化的地方权力下放制度中同等地考虑这些因素。就基础设施的管理而言,从2006年到2010年间,非洲大陆有所进步(+2.6%),但它的平均分数还是比较低(31/100)。北非的分数是最高的(54/100),然而中非的分数是最低的(20/100)。非洲大陆在公共管理上的平均分数是55,这表明,在2006到2010年间还是有进步的。当然,与东非的最低分数(49/100)相比,北非的分数依然保持在整个非洲大陆的最高峰(65/100)。但就管理质量而言,无论是考虑到法律规定,还是商业投资环境,南部非洲地区是最好的。

表3.6清晰地阐明了从最根本的层次上来看,地方分权体制并非以牺牲中央政府为代价,而换取地方政府权力和职能的积聚。正好与此相反,它表明了我们需要特别注意区分众多不同类型的政府及其职能和责任,这在另一方面为我们打开了活跃的私营部门和社区组织机构的大门,它们都体现在众多不同的服务的提供和维护之中。

表3.6 非洲国家不同地区治理水平

	基础设施	商业环境	公共管理	法律规定
撒哈拉以南的非洲	28	49	54	48
北非	54	55	65	47
中非	20	36	52	36
东非	27	47	49	38
南部非洲地区	44	59	60	63
西非	22	50	55	49

资料来源:非洲政府的莫·伊普拉辛索引,2011年。

特别需要铭记于心的是,上述这些指标带来了一套有效的基础设施及其服务供应的制度框架。当然,我们也不清楚,在极端贫困,管理与监督不力,根深蒂固的权力寻租行为和城镇不平等的扩大之背景下,它能否成为解决大量积压待办事务的最好途径。

当然,考虑到我们的诉求,即有效的地方分权制度应该优先处理基础服务中网络设施的提供,经济发展和长久的经济服务体系,这对我们从上述指标中明晰广泛意义的制度改革措施及它在城市可持续发展中所起到的作用是有指导性的探索。在下一节中,我们要回顾过去30年地方分权改革的相关内容。

了解地方分权的尝试

将近 40 年前,理查德·斯特恩(Richard Stren)就对非洲城市政策作了如下的描述:

> 在非洲城市政策中广受批判的弊病之一是政策的非持续性,随意性和非连贯性……理论规划者很少考虑到经济因素。没有城市事务管理的相关部门,住房供给和城市交通之间的界线不明,只有等到严重危机预警信号快出现时,政府部门才开始内部协商以解决界线问题。在非洲国家地方政府和中央政府之间的职能分配和司法权归属的问题上混乱不清,两者之间在城市政策上对权力的操控,冲突乃至重叠时有发生(Stren,1972,p.505)。

上述问题的核心在于在大多数非洲国家,城市管理当局在殖民时代就显得非常不重要(有少数的除外),在独立的头几十年,市政管理当局权力微弱,几乎没有存在价值。在殖民时代,非洲的城市管理当局逐渐是以地方政府的体制为依托而建立的。

在一些法语区非洲国家中,例如,市政府是在法国模式之上建立的。最大的城市有选举组成的议会和市长,它们要对当地众多的基础服务负责。然而,在独立后,例如,加纳和科特迪瓦的国家政府部门迅速地增强了对大型城市的控制力度,据称,上述国家政府部门这样做的原因是地方政府财政崩溃和行政管理制度的低效。但上述政府却表示此手段是对潜在的政治反对派的控制(Rakodi,1997)。

与此相似,英语区非洲国家中,地方议会选举虽已在殖民结束后落实到位,但从其执行效果来看,责任意识和对人民需求的满足还远远不够。在 20 世纪 60 年代到 70 年代之间,政治自主化和财政基础不断地被破坏,中央政府逐渐无法给予地方政府以充足的财政支持或增强它们的财政收入能力，从而不能保证当地政府有足够的决策制定权和培训政府职员的权力，也无法解决在城市及发展中他们所面临的挑战（Rakodi，1997）。例如，坦桑尼亚在20世纪70年代初期废除了地方政府，改由中央政府直接管理（在有些地区权力下放）。忽视市政管理当局的存在对城市发展产生了直接的后果，最为鲜明的例子是霍乱突然在坦桑尼亚的城市地带蔓延（President Office，United Republic of Tanzania，n. d.）。

非洲的地方分权

从20世纪80年代开始，非洲的地方分权制度有了转变。地方分权制度是中央政府在基层政治体制管理和地方等级制度中，通过常规程序权力下放给地方政府及其管理机构。理论上，隐藏在地方分权制度背后的核心推动力是决策亲民，正是如此，才能更好地处理地方事务。广义上，地方分权制度有三大类型（Ribot，2001）：

政治或民主化的地方分权：当权力和资源下放到当局代表手中时产生，该权力自上而下交接，地方当局要对当地市民负责。

财政分权：当财政资源和新增财政下放到国家的地方当局时产生。

行政分权或行政权力下放：当权力由中央政府下放到地方政府时产生。

地方分权制度的浪潮非常普遍。政府和国家机构都逐渐意识到城市管理制度、地方分权制度和当地民主化进程有着密不可分的关系。因此，从当地政府的角度来看，初次尝试地方分权与国家整体民主化进程联系颇深。在很多非洲国家，当地政府也重新确立并尝试增强当地民主化和服务供应链。在坦桑尼亚，当地政府的重建机制是对大多数垂直管理体系失败,以及对城镇地带霍乱突然蔓延的应对,大都市政府的重要性也得到了充分认识。阿比让市于1980年恢复生机,达喀尔市于1983年亦是如此。在葡语区非洲国家中,尤为突出的是安哥拉和莫桑比克,他们的殖民传统中没有建立当地政府的选举机构。持续不断的冲突延缓了地方分权改革的实施,在其他国家都出现地方分权改革浪潮时,这些国家才开始朝创设地方政府的民主化迈进。例如,莫桑比克在20世纪90年代建立了地方政府的选举机制。

截至2000年,可以说所有非洲国家的当地政府模式都是有效果的(Oyugi,2000)。然而,在非洲的地方分权制度实施过程中,地方分权是非均衡的和局部的。例如,联合国人居署(2008a)注意到虽然大多数东非国家的中央政府和当地政府都呼吁良好的政府治理模式,公众参与和公司合作关系也在逐步地推进,但真正对地方政府的权力下放和资源分配以及市民参与城市决策管理的制定都没有落实(UN-Habitat,2008a,p.15)。之所以中央政府的实际权力下放会落后于相关法规与政策,是因为"政府各部门间政策有误,腐败不堪的政治和市政当局低效的管理能力"(Andrews&Schroeder,2003,p.31)。在一些情况下,地方分权的改革仅仅旨在"增强现存模式中政府和地方关系网的既得利益",这对改变贫困人口的发展进程没有任何作用(Crook,2003,p.78)。在其他时候,地方分权的背后动机是由个人利益所驱动的,例如,在政府职能转化中,从中央到地方的结构调整计划并非受到热切赞誉,反而在大多数情况下,这是由反对党派所控制的(Shah&Thompson,2004)。

最好的例证是尼日利亚地方分权制度的失败尝试,地方分权的失败对解决城市发展中所面临的挑战产生了以下影响:

> 尼日利亚的地方政府没有充分领会三大基本权力的层次问题,即地方、国家和联邦政府。每一个层面的权力都或多或少直接参与市政管理。当地政府虽对市政管理负有责任,

但它从未获得足够的自治权。虽然一度提倡改革,但国家仍然保留对当地政府的控制力。当地政府财政创收的能力有限,这增强了它们对国家的依附和在城市化发展中遇到的困难;中央政府和地方政府之间缺乏相互配合的默契,这反而增加了它们在市政管理上的难度(UN-Habitat,2008a,p.13)。

政府职能的转变

在近几十年地方分权潮流不断发展之时,地方政府的执行能力也有了转变。正如奥德拉奥格(Ouedraogo,2003)所见,依据盎格鲁-撒克逊的传统,地方分权制度包括了国家权力下放和资源分配给非国有企业,例如私有制公司和非政府机构。在大多数非洲国家中,地方分权时常伴有向公司化、私有化和公私合作关系的强烈转变。这与当地政府(经常披上了新公共管理准则的外衣)在私有化、公司化和公私合作关系上的全方位转变密切相关。在非洲很多国家,结构调整计划的实施促成了这些转变。在尼日利亚,例如,从20世纪90年代开始,当地政府接管了公共服务(例如健康中心、初中和高中、供水系统、道路维修、公共设施及公园的管理),并在很大程度上将其私有化。(UN-Habitat,2008a)。除此之外,在大多数非洲国家,大多数城市发展和在发展的项目都是公私合作关系的。

即使南非这样的国家,虽没有施行结构调整计划,但来自全球的压力和趋势也同样对其产生了相似的影响。约翰内斯堡市在城市重建和公司化、私有化的服务供应中非常活跃。现在约翰内斯堡市有大量的公共基础设施、组织机构和公司制的经济实体,其中有约翰内斯堡城市公园、约翰内斯堡产权公司、约翰内斯堡旅游公司、约翰内斯堡供水公司。诚然,在公私合作和私有化的基础服务中,大量潜在的困难逐步出现,其中最为明显的是要降低潜在服务费用并提供交叉补贴以此确保大量的贫民也可支付相关服务的费用。

表 3.7 展示了城市管理中公司合作模式的关键性特征，所述特征普遍流行于非洲上世纪 90 年代，我们可以把它看作由世界银行提出的理想化政策，并在本章第三节中讨论相关问题。

表 3.7　城市管理模式中的关键性特征

执行者	应负责人
中央政府	● 对当地政府的政治与行政控制力 ● 借贷有限供应 ● 更多强调协调作用
地方政府	● 常态化下的更多地方分权 ● 基础设施的提供与维护 ● 发展管理；准备协调计划 ● 有限的直接服务供应
私有部门	● 基本服务供应：水、卫生设备、电力 ● 基本卫生与更高级别教育的服务供应 ● 城市复兴与住房建设 ● 公共交通 ● 无线电通讯
非政府部门	● 地方层面干预力度加大（以工换粮，产业升级） ● 社会基础设施供应 ● 聚焦贫困，非正式活动和可用贷款 ● 重建机制与难民 ● 土地占有制和公民权力

资料来源：Wekwete, K. H. (1997). Urban management: The recent experience. In C. Rakodi (Ed.), *The urban challenge in Africa: Growth and management of its large cities*. Tokyo: United Nations University Press.

非洲市政管理当局：当下的境况

在整个非洲大陆，城市管理当局的地位、权力和职能都具有很多不同点。由民主选举产生的当地政府机关的特征是财政收入来源多样化和承担了提供众多服务的职责。但其唯一的局限之处是当地政府也依赖国家中央政府的财政支持。

例如,索马里是非洲不同类型的地方政府之连贯综合体的最好例证(UN-Habitat,2008a):

> 在索马里的中部和南部地区没有当地政府之类的组织机构(尽管在一些地区存在自发性的公民社会组织尝试填补空白)。
> 在索马里东北部的彭特兰省存在权力极弱的地方政府。
> 在索马里兰有经过多番民主选举而产生的当地政府及其组织机构。

在某些情况下,政府的层次结构不尽相同。科特迪瓦首都阿比让就是具有双重性大都市政府最好的例证。在专栏 3.2 中对这种模式作出了相应的阐述。

专栏 3.2 阿比让大都市政府

在 1980 年,科特迪瓦政府创设了在政治和行政管理结构上具有双重性的阿比让大都市政府。该城市的基本单位由 10 个市镇组成,他们有权选举产生市长和议会,他们对市场行政监管,公共设施用途分配,诊所和初级中学的维护用度,社会基础设施的运行负有责任。上级政府最主要的职能是废物的处置与管理,卫生设备、公共交通的管理,道路和公园的维修用度,城镇规划。城市上层议会是由会社成员选举产生。大多数公共基础设施。例如供水与供电都是由持有营业执照的私有制公司管理。在 2002 年,阿比让行政区取代了阿比让城,并由指定的城市管理者负责(共有 61 名成员,其中三分之二是由直接选举产生,剩下三分之一是由市镇成员选举产生)。除原有的 10 个市镇之外,新的阿比让行政区包含了城市外围的三个街道。在行政区和市镇的城市功能上与之前老阿比让城与市政的职能完全相同。

只有在少数的国家中,例如,南非和纳米比亚的宪法中重视强调地方政府的职能。在大多数情况下,当地政府是由中央政府创建,因此它从中央政府的权力授予法或相关法令中接受权力和义务(Wekwete,1997)。当地政府的权力和职能因地制宜,具有相当不同的特色。但是所有的当地政府机关至少对以下方面负有责任,例如,城市规划和废物回收。仅有少数一些当地政府机关对重要资源配置负有责任,例如,供水、道路修建和维护以及供电(见表3.8)。其他区层级的政府有时也和地方政府一起担负起重要职能,例如城镇规划。举例来说,大多数国家的地方政府都非常依赖中央政府的城市或区域发展政策(UN-Habitat,2009a)。

表3.8　选取部分非洲国家的城市地方政府机构的职能

职能	尼日利亚（地方政府机关）	喀麦隆（地方政府）	乌干达（城市地方政府区）	坦桑尼亚（地方政府机关）	莫桑比克（自治市）	南非（首都自治市）
供水系统	—	—	○	●	○	●
卫生设备	○	●	●	●	○	●
垃圾回收与处理	●	●	●	●	○	●
城市道路	—	●	—	●	○	●
城市有轨交通	—	●	—	—	—	●
电力	—	—	—	○	—	●
住房	—	●	—	●	○	○
城市规划	○	●	●	●	●	●
公园和公共场所	●	●	●	●	○	●
墓地和火葬场	●	●	●	●	○	●
博物馆和图书馆	—	●	●	●	—	●
初级健康关爱诊所	●	○	●	●	—	○

续　表

职能	尼日利亚（地方政府机关）	喀麦隆（地方政府）	乌干达（城市地方政府区）	坦桑尼亚（地方政府机关）	莫桑比克（自治市）	南非（首都自治市）
医院	—	○	●	○	—	—
学前教育	●	—	●	—	—	—
初级教育	○	—	●	●	—	—
中级教育	—	—	●	●	—	—
消防	—	—	●	●	—	●
治安	—	—	—	—	○	—
经济发展	—	—	—	—	○	○
旅游业发展	—	○	●	○	○	○

●仅对提供的服务项目负责；○与其他不同层次的政府共担职责。

资料来源：Based on Commonwealth Local Government Forum(2008). *The Commonwealth Local Government*.

不同国家的地方政府及其权力分配也各具特点，上述反映出地方政府占全部政府费用的相应比例。例如，在肯尼亚，地方政府的费用开支占政府总费用开支的1.3%，然而在南非，地方政府的费用开支占政府总费用开支的16.9%（UN-Habitat，2009a）。

在非洲，地方政府所面临的最大困难是财政资源的匮乏。当地政府机关主要的财政收入是直接向用户收费，例如，向当地用户收取水费与电费。除直接向用户收费以外，当地政府其他主要的财政来源有中央政府的财政支持、财产税、借贷与私营产业的合作利益。

表3.9比较了非洲3个国家的财政收入来源，据此我们可以看出不同国家之间获得财政收入之间的差别，以及财政收入多样化的必要性。

表 3.9 部分非洲国家政府的财政来源（单位：%）

税收类型	南非	肯尼亚	乌干达
财产税	16.8	15.6	2.8
其他税	2.8	5.9	2.1
津贴	24.9	32.8	91.3
其他形式的税收（例如，使用费）	55.5	45.7	3.8
总计	100.0	100.0	100.0

资料来源：UN-Habitat(2009 a). *Guide to municipal finance*. Nairobi：UN-Habitat.

对大多数非洲国家而言，政府的转移支付是当地政府重要的财政收入来源（例如，在乌干达，中央政府的转移支付形式在当地政府的财政中占据了90%以上）。然而，这并非理想化的状态，因为地方政府对中央政府转移支付的过度依赖限制了其自治权。

在地方政府层面，当地财产税既是增加财政收入的重要来源，也是提升当地政府自治权的重要途径。财产税对城市发展模式的形成也有益处。从历史上看，财产税与地方政府紧密关联，部分原因是不动产是固定的，也就是说，它无法使地方政府改变征税类型。还有部分原因是，在地方层面中的特定服务类型与所有权价值的收益具有强烈的流通倾向。当然，大多数非洲国家的当地政府都有权征收财产税，但是，通常情况下，它并未在财政收入中占据主导地位。例如，在肯尼亚和南非，财产税所征收的比例分别占当地政府财政总收入的15%和17%，相比之下，在澳大利亚和加拿大，财产税所征收的比例分别占当地政府财政总收入的37%和39%（UN-Habitat，2009a）。

改革的需要

城镇地带的非洲人口的比例从1970年的23.6%上升到2008年的39.1%（UN-Habitat，2008a）。然而，非洲在市政管理和城市

发展中所面临的诸多问题依旧如斯特恩(Stren,1972)在40年前所描述的那样,例如,联合国人居署阐述了:

> 在东非国家,城市贫困的增长、扩散和持续是由以下原因造成的:(1)缺乏相应的城市土地管理和规划政策;(2)不切实际的城市建设标准管理模式;(3)私人开发商的住宅项目通常迎合了高或中等收入群体的需要;(4)政府和当地管理机构缺乏相应的战略定位;(5)缺乏公共基础设施;(6)具有政治化色彩的非正式定居点以及政党示意下所安排的公益性住房,上述内容在当时选举中具有一定作用,但投票结束后则失去其效力(UN-Habitat,2008a,p.14)。

显然,制度问题依然在解决非洲城市化发展所面临的挑战中是一大阻力,进一步改革的成功实施需要创设可行的政策性环境和增强地方政府的民主力度,这才能有效地处理城市发展的相关问题。这包括了正如我们在第三节中所讨论的制度改革可以改善基础设施的供应链,但是,制度改革也让超出了上述的范围。

在增强当地政府权威性方面,联合国人居署的建议是:确保进行深度改革的需要,即:(1)中央政府给予当地政府相应的自治权;(2)制度上保障公民的真实参与权;(3)最大程度建设完善议员和官僚队伍;(4)市民直接参与选举市长,这可以使选举进程中较少地出现人为的政治操纵(UN-Habitat,2008a,p.15)。除此之外,为了有效地解决城市发展中所面临的挑战,当地政府需要有足够多样化的财政收入。当地房产税收在其中就尤为重要。它除了给当地政府提供潜在性的可靠收入来源,也可促使中央政府给当地政府更大的自主权。当然,它在引导城市发展中也是非常有效的手段。

非洲的制度改革议程

全球金融危机(2008—2009)带来的恶果提高了我们对待气候

变化将产生极具破坏力的意识，我们以千年发展目标为纲，重新提出要系统性地消除贫困，这使城市可持续发展的重要意义在全世界的范围内受到了重点关注。以可持续发展城市化为中心的共识已经出现，它对于非洲而言是一个利好的消息，这是因为它可以提供方法来解决无效制度的问题，此问题也是我们上述讨论的基本问题。

这一节的第一部分将阐明可持续化城市发展中综合路径的关键性原则。这个议程一定要与国家和地方层面的制度框架有紧密联系，这也是为了更好地解决非洲城镇现有普遍化的危机。通过上述的讨论，显而易见的是，每一个非洲国家都需要明确的国家城市发展战略，以此直接聚焦和促成众多不同的执行者在城市发展进程中添砖加瓦。国家核心政策框架清晰地表达了：在众多不同层级的政府中权力与政府职能之间的正规化分配，有效的财政制度是其稳定的基础。这些组成因素在另一层面表明城市发展规划是基于对关键发展态势的严格化和清晰化的理解，换句话讲，在每一个国家与城市的数据平台需要消息灵通和有针对性地锁定目标，这在另一方面反而可以获得指导和评估，以此来确保政策的实施与其效果显著。

多样化的国家政策框架和当地数据平台将会为所有非洲国家的城镇提供一个独特的基础设施投资策略。市政层面的基础设施投资要想行得通，就必须有国家推动力的支持和强化，当然这也少不了国家给予地方分权制度以策略和规划的指导性意见。制度改革议程的最后一个方面是在沟通和交流过程中一定要有监管和评估的手段，我们在下面将要讨论改革议程中的各个因素。

宏观城市发展框架

在当下极具历史性和全球性的时刻，非洲政府不得不面对城市可持续发展的众多挑战。在当下情境，我们一致认同经济发展中的资源攫取模式不可能行得通。如果强行普及，这将会引起经济环境的动荡和不稳定,从而导致社会与制度的长期混乱(Hodson&Marvin,2009;UN-Habitat,2010)。高风险迫使全球参与机制的形成,以此可以重新定位经济发展的问题。当然,重新确立经济发展的地位问题是以实际标准为尺度,从而内在化环境(可能与社会)成本的生产与交换。不幸的是,2009年召开的哥本哈根大会虽然没有产生任何明朗化的结果,但我们不能因此贬低全球经济在发展这一事实,贸易制度和国家开发项目将会从根本上进行重新规划,以避免在不远的将来发生人与环境之间的大灾难。在气候变化的讨论中,极具特色的一点是城市被视为对任何长期性结构可做出响应的中心化产物,这是因为城市中产生了大量的温室气体,例如二氧化碳。城市也向大众许诺,会实现高效的空间与动态化聚集,以此创设更有持续性的习惯模式和再生经济(ICLEI,2010)。

环境危机与影响深远的社会和经济危机之间有共通点。后者在2008—2009年的全球债务危机中与前者形成了鲜明的对比。这也导致大多数加入世界经济合作与发展组织的国家经济衰退和传统贸易合作伙伴走向南半球寻求机遇。上述危机反映出在经济价值和物质生产中的分离呈现增长态势。随着国家与全球经济的商业化,很多人在工作中通过非正式(和/或黑色)经济行为为自己谋生,或者用旁门左道维持生计(Borja&Castells,1997)。这证实了在全球大多数国家和地区收入不平等的层级呈现出增长的趋势,这也同样表明收入不平等的两极分化态势愈演愈烈,并把很多正处于发展阶段的城镇分离开来(UN-Habitat,2009)。

随着财富的丧失殆尽,数以百万计的人生活于贫困中,处于穷困境地的银行业申请了贷款补救,这清晰地说明了非洲国家对主流经济活动及其评估需要重新定位。与此同时,城镇中心已经成为经济发展的重要一环,这是因为全球化的动态机制强化了聚集效果(企业和工人)。创新力、竞争力和生产力都取决于社会环境的优势,此优势为紧密相联的人口聚集区(World Bank,2009)。

最后,在全球化动态机制的实现道路上,还伴随有贫困人口的日益增长和收入不平等的加剧(不把中国考虑在内)。国际社会通过提升基础服务和加强政治宣传来助力于减少物质贫困,上述内容都在2015年的千年发展目标中被清晰地呈现(Annan,3 April 2000)。当然,在日益增加的城市贫困人口的背景下,城市被看成能够实现联合国千年发展目标重大进步的核心因素,但这必须要充分地考虑到乡村贫困人口所面对的挑战。

上述独特的全球形势时刻迫使我们的观察力更为敏锐,即如何才能增强和最终实现城市的可持续发展。图3.1阐明了城市可持续发展的四大基本方面。第一个指标阐述了实现可持续城市基础设施转变之迫切性。一个关键性的因素在于需要确立大量的生物物理学的网络基础设施体系。例如,能源、废物处理、水资源、卫生设备、交通条件、道路和生态服务。另一个关键性的因素是社会基础服务部门。例如:教育、健康和文化。

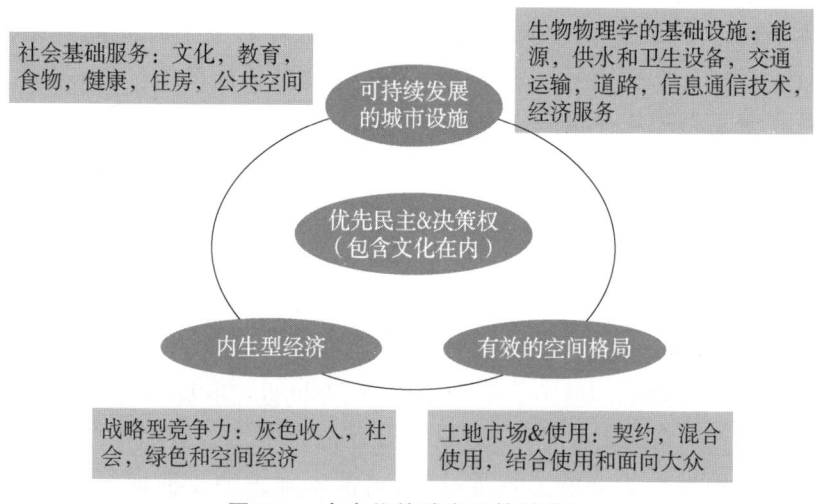

图3.1 全方位的城市可持续发展

第二个指标包含了经济因素。现已证实,前面的经济指标难以衡量真实状态下城市经济发展的多样性和动态化。因此,除了传统意义上的常规经济部门,所谓的绿色工作(UNEP,2008)也应该被纳入社会经济体系中去(Amin,2009)。诚然,维持并无常规收入的困难家庭的生活运转,社会保障和政府转移支付都应该考虑在内（Moser，2008）。除了传统的经济部门和迫切需要彻底改变的低碳环境，新的经济层面也需要考虑在内（Kamal-Chaoui & Robert，2009）。

近年来全球经济危机的后果是以经济绩效来评估核心城市基础设施的手段崭露头角。事实上，经济振兴的推进是通过基础建设的投资来完成的，特别是在美国和南亚，基础设施网络的匮乏和不完善隐性地破坏了经济的运行效果（Foster & Briceno-Garmendia，2010）。第三个指标表明有效空间形态是城市发展模式的主要驱动力和结果。随着对城市可持续发展的批判和城市收入加剧两极分化的力度，我们逐渐达成了共识，即城镇的空间形态对实现城市更为持久的发展至关重要。从更加细致的方面看，人口密度越高越好，我们也更加强调土地的混合使用，因为这可以实现土地使用的高效率和多元化。在重新规定土地使用办法时，政策应该以大众为基准，这从更加广阔的视野中促成了社会与多元文化的融合（UN-Habitat，2009b）。

该框架的核心是决策制定的民主化进程，这比其他因素都要重要。公共投资应该长期以公众群力群策为主体。在过去的 20 年间，随着地方政府民主化进程的开展，特别是持续不断发展的政策和制度的改革，扩展了公众在决策制定环节的影响力，这远远超过了每次选举中公民权的实现。理所当然，城镇规划和管理应该是真实有效和持续实践的过程，我们应该牢记城市发展的实际原因，而非政治合法性中的必要标准。从实践角度来看，在有限的国家能力及其资源的背景下，地方政府与市民社会组织和私营部门的联合发展策略极为重要，这可以保证多方参与多元化的服务供应价值链。也正是基于上述原因，地方分权的制度框架是对以当地为基础，重新定位和为城市发展进程注入活力的中心环节。

简单而实用的国家城市发展战略

很少有非洲国家提出明确的政策以应对城市化和城市内发展

的挑战。根据帕内尔（Parnell）和西蒙（Simon,2010）的观点,上述现象部分源于对政策的忽视,当然,还有根深蒂固的反城市偏见这样一种邪恶的意识,同时,也把城市化和城市政策相互混淆。前者指详细的国家政策,该种政策制定,明晰和塑造了国家空间系统,这包括了城市网络、城镇和乡村的人口聚居点。特别是,这种明确的政策可以使得国家内部投资最大程度集中化。国家空间机构也阐明了如何理解和管理人口的动态化迁移。与前者相反,城市政策反映出了国家政府在明确城镇发展的重要基础之上成功实施了国家发展目标。特别是,城市政策细致化地解决了有关城镇不同部门的需求,更高级别的发展对象,易于流动的人口,相对固定的人口定居点,教育,交通和健康等问题。换句话讲,城市政策在城市发展和支持次国家级政府的努力上提供了解决重大问题的视角,上述视角也详尽地阐明了地区政策和战略定位的问题。城市政策对更为细致的地方城市发展政策的进程而言是更有裨益和相互补充的。

在涉及有关确定和实施基础设施项目时,城市政策就显得尤为重要,城市政策以特定城镇聚居区的经济和生态功能为依托,与此相关的国家物流系统和水资源管理规定也各不相同。当城市策略不合时宜时,大多数投资发展都会着眼于未开发的潜在地区,从国家和地区的角度而言,上述做法是无效的和没有潜在生产力效果的。因此,上述情况需要寻求新的发展眼光,帕内尔和西蒙独特的国家城市发展策略就显得尤为突出：

> 当今,国家城市政策不仅要规范服务范围和开辟一条经济通道,而且还要使创设的多中心城市地带便利化。这些多中心城市地带的创设不仅与地区和全球经济有关,而且其范围还可能超越了国家边界线。随着生态和经济的不断发展,其经济发展范围无疑已经超出了大都市的边界,当然,重要基础设施和智力投资建设已超出上述范畴,这些城市地带需要有更为长远的国家化和明显的地区化政策。上述进程表明我们需要对正

规化和非正规化城市空间经济有非常清楚的认识,这样才能使得其助推非洲经济的发展。国家城市政策应更多致力于国家城市或人口聚集区系统,它应对自然资源的匮乏性和城镇生态系统的脆弱性加以关注,特别是对沿海地带的生态环境予以更多的重视。城镇对乡村之重要意义在不断提升,城市以经济为基础就表明所有的国家政策必须都要以城市的实际情况为基础,其中就包含了除国家空间规划以外的更多政策的实施(Parnell & Simon,2010,p.37)。

我们需要牢记上述的忠告,对详细描述城市可持续发展的宏观构建秉持批判态度。我们需要探索更加实际性的实施方法,这些方法需要在有效的政策议程中制度化,以此才可以更好地解决非洲城市化发展的不平等性和复杂多变性。

良好的数据平台

我们假设政府承认了他们需要彻底地调整在城市发展需求中路径和态度问题,那么,其中,至关重要的第一步是提高城市系统和特定人口聚集区上的数据、信息和分析的准确性,这样才能使它们继续成为国家经济发展的主动力。一系列的考虑都是相互关联的。最为基础的需求是周期性全国人口普查中精确而又可信的数据,在非洲全国人口普查的实施过程中已经取得了长足的进步。文博森和那图兹(2006)报道了在撒哈拉以南的非洲的51个国家中,有36个国家参与了2000年的人口普查,这项人口普查是从1995年开始的。还有15个没有参加的国家是:安哥拉、布隆迪、喀麦隆、乍得、刚果民主共和国、吉布提、厄里特里亚、埃塞俄比亚、利比里亚、马达加斯加、尼日利亚、塞拉利昂、索马里、苏丹和多哥。文博森(Onsembe)和那图兹(Ntozi)观察到:"我们注意到有三分之二的国家被卷入了冲突中,因此它们没有稳定的环境以此实施人口普查计划(Onsembe & Ntozi,2006,p.13)。"除了进行可靠的定期人口普查之外,特别重要的是要确保普查手段一定要以人口调查的区域为前提,这才能够使得政策制定者和城市公民在城市层面进行有效地推断。当然,调查也经常补充人口普查,例如劳动力调查或公司竞争力调查,但是上述的调查并非一种标准化模式,它无法对城镇地区,更为重要的是城市边缘地带做出有效的推断。在此时,国家统计机构、地方政府协会和市政发展机构之间的通力合作就显得非常重要,它们三者可以共享收集到的数据。

数据进程的第二个方面关乎到当地机构数据(Robinson, 2009)。大多数政府部门、地方当局、区域机构、半国营集团、发展机构和大型非政府组织机构都各自收集到了有关城市发展中相关问题的数据。我们需要用发展的眼光来看待这些收集到的数据,这些数据的稳定性,与其他数据来源的相关性都很重要。我们也必须承认其他智囊团人物的数据信息也是构建政府间与跨机构在国家城市策略目标和战略定位意识的有效手段。

在近些年,大量的基层组织,例如贫民窟居民国际街道联盟,它们进行了大范围内的人口清查以此来支持他们的要求和策略。特别是在社区和社区环境的背景下,国家很难收集到基层的情报与信息,但它对于城市综合数据系统而言又至关重要。它还为政府部门提供了一些机会,使政府部门可以更好地了解(从不同的视角)它们所寻求施加在社区上的影响。当然不同的社区数据网络和国家统计数据之间存有差异,但它们二者却是良好的开端,即在当地实际情况的背景下可能达成共识。

最近,在地理空间中不同的数据集合有所进步,它能够潜在地把有连续性的和相关性的具有多样化特征的数据结合在一起,数据收集手段也暗含在了上述进程中。而且,地理资讯系统的出现可以助力行政决策过程以提升优先考虑机制和目标机制的水准,并且可能潜在地促进公众参与机制以及相关数据的形成。

最后,在解决城市可持续发展的相关问题中,认知和参与标准化的相关指标制定的过程对我们而言是至关重要的。在这个层面,正如联合国人居署提出的全球城市天文观测站的观测能力与近期产生的全球城市指标的能力都可以为逐渐一致的政策框架和全球范围内城市指标的比较数据提供有效的帮助。① 在地方政府协会的有力支持下,很多自治市也顺势发展,它们开始着手建立城市本地的天文观测站。它们的积极行动融入国家城市政策框架的内部,这对于上述自治市而言意义非常重大。

基础设施投资策略和规划

后华盛顿共识的结果表明:国家的核心作用理念主导了大多数发展机构的发展观念,国家在发展中的核心作用被再次认知。国家核心作用重新生效和改进基础设施经常出现在施政报告辩论和学术文献中。以东南亚经济发展的成功经验为例,我们发现在经济、社会和环境发展中,基础设施的建设处于核心地位,而且它在过去的几年中一直占据核心位置(Lee, 2007, pp. 8—9; World Bank, 2004, 2009)。同样值得我们注意的是:在世界的很多国家中(例如美国),在 2009 年经济危机之后,经济刺激计划就包含了对基础设施的大量投资。这些投资的目标旨在强劲促成经济的发展,创造新一代的"绿色工作"和形成向大规模低碳经济转变的基础,我们还需要重点注意的是:中国、印度、巴西和南非特别注重国家基础设施项目,借此提升应对持续的人口增长和经济压力的能力。

因此,我们不应该对基础设施建设在全方位的城市发展政策和战略定位中处于核心地位感到奇怪。当地、本国、本区域,甚至在某种程度上的全球化,它们的基础设施建设,使它们在全球化的市场和长距离的价值链中的相互影响日益深化。文献记载特别区分了满足基本住房的服务需求和能提高生产力、经济活动竞争力的相关的基础设施建设之间的不同。尽管这种增长方式是在减缓和适应气候变化的议题下才产生的,但在基础建设中仍然被突出强调的是要确保环境的可恢复和可再生性(ICLEI, 2010)。

---

① 更多内容请参见:www.cityindicators.org。

基础设施发展中的不同类别之间很不均衡。这指明所有可持续发展的努力成果都被无意中破坏了。而且，特别是在非洲的低收入国家中，它们所面临的确实是两难境地。即大多数基础服务的潜在受益人都无法支付这些基础服务设施费用，这是因为他们没有基本的收入和安全的保障。在这种环境下，政府会倾向于优先选择那些可以支付基础服务设施费用的人群和商业集团，这也是为了保证稳定的财政收入。

在基础设施投资中，财政压力也随之而来。贫困的国家被最近30年所提出的新自由主义城市政策所冲击，上述政策寻求减少国家的作用，而仅仅关注于那些可以全额支付基础服务设施的消费者，只有他们才可以适应市场规则中基础服务的提供和维护费用(Stren&Eyoh, 2007)。上述政策产生的结果反而高度证实了隶属于新自由主义城市管理制度中城市分裂现象极为普遍。其中之一的核心人物——斯蒂芬·格拉哈姆(Stephen Graham, 2000)从城市生活的细节阐述了这种动态化机制：

> 垄断标准化下的公共和私人基础设施减弱了基础设施管理中的支配形式。在20世纪30年代到60年代之间，我们见证了基础设施覆盖率呈现出的非平衡性，翻新和改进后的城市基础设施具有高效能，它们逐渐转化为内在化的，具有普遍特征的(通常的)公共垄断网络。与此同时，多元化的政治和行政管理模式一同支持能源、交通运输、信息通讯和供水系统的发展，理论上要达到的标准化的目标普遍存在于很多城市和国家中，但它们在日益普遍的私有化和自由主义化运动中被逐渐分开，甚至是割裂。这表明了，我所称的大量分布不均匀的"优质网络空间"出现了，新型的或翻新改进的交通运输、电信设备、能源和水资源基础设施都满足了可支付费用的使用者和空间场所的具体要求，与此同时，这些基础设施也会提供给那些无法支付费用的消费者和空间场所(Graham, 2000, p. 185)。

我们从经济合作与发展组织国家和亚洲与拉丁美洲的新型工业化国家中了解到这些趋势,在上述这些国家中,基础设施的普及历史悠久,或者即使并非历史悠久,它们也尝试发展基础设施建设(Graham & Marvin,2001)。然而,在很多非洲国家,特别是在低收入国家中,基础设施从未有过如此广泛的分布,在过去10年左右的时间内,同样的动态化机制逐渐地塑造了城市景观,加强了贫民窟边缘化位置、临近地带富人区和基础商业空间的聚集的位置。

在反对上述趋势的同时,非洲政府需要计算清楚,它们如何才能在城镇和乡村地带的发展中更好地解决庞大的财政赤字,同时也要为未来的经济增长和需求做好准备工作。上述实践需要清醒的认识过程,即如何促使经济发展,如何达到生态环境保护与发展之间相互融合、相互均衡和相互协商的目标。尽管公平交易已经深入人心,但在现实情况下仍有不公平交易的出现。世界银行权威性的报告《非洲基础设施报告》(Foster & Briceno-Garmendia,2010)阐述了解决贫困人口与基础服务的匮乏和提高经济生产力之间可能具有相关性:

> 在城镇和乡村地带的住房基础设施建设能够保障城市化的继续发展和社会平等,提高生存环境的质量,也可以避免大量的乡村人口涌入城镇地带。对基础设施的投资可以提高现代化部门的生产力水平,各个地区互联互通。如果基础设施和基本服务匮乏,这就会阻碍潜在的聚集经济效应的发挥,对很多非洲国家的经济形成阻碍力,这同样也可以解释非洲商业同其他行业相比,表现不佳的原因(Foster & Briceno-Garmendia,2010,p.128)。

如果平衡效果在基础服务和经济基础设施之间发挥作用,那么非洲政府和城市就不会面临如此之多的复杂问题和挑战。毋庸置疑,非洲政府和城市在如何适应和减缓气候变化的影响上应尽力

而为。但是这些考量完全取决于基础设施管理能力的改善。例如,良好的和具有战略眼光的基础设施规划和投资应该会考虑:

(1)实现更高效率的交通能源利用率取决于减少距离和更大程度的享有绿色交通模式;

(2)在建设中提供更高效的供暖/供冷能源取决于降低紧凑型建筑样式和城市植被的表面积与体积之间的比率;

(3)基于能源系统的网络应该更加有效,比如,可以结合热量与能源;

(4)城市基础设施建设中需要低嵌入型能源是因为更高的利用率;

(5)节约更多的能源(LSE Cities,2010)。

从更为实际的角度看,上述的讨论阐明了:非洲政府部门不可能轻易把基础设施的规划和管理移交到可以从中获取利益的相关部门手中。它们需要一个策略性的国家政策框架。该框架一定要阐明如何通过短、中和长期各个阶段的不同规划来评估、定义、分析和解决国家、城市和乡村基础设施匮乏的问题。上述框架也要更加细微地研究如何把特定的基础服务部门归入整体以提高特定区域的潜在经济发展力,最后归为一体的基础服务部门可以融入国家部分地区和整个区域的经济发展中。而且,上述框架也要解决好基础设施供应链,维护和财政支持上的制度模式问题。传统意义上的私有化模式使这些问题恶化,因而才产生了极为负面的社会和环境效应。在国家实力不足的状态下,投资资本受到限制,公民支付基础服务设施费用的能力有限,以及混合式的机构模式也有待进一步发展。①

---

① 基础制度框架为我们提供了极为有效的体系,即在发展远景下,所有的利益相关者都可以达到对国家和地方基础设施系统及其缺陷的深刻领悟,我们所做的重大决定是想促成更为持久和更具有弹性活力的基础(SURF—ARUP,2010)。

在水资源和环境卫生部门,以最有趣的城市供水与卫生项目为例。城市供水与卫生项目的目标是:支持当地的服务供给者分配和实施水资源和环境卫生的解决方案,从而达到经济的、社会的和持续环保节约的效果,从而在发展中国家可以更好地解决城市贫民的需求问题(WSUP,2008)。城市供水与卫生项目之身份是代理人。它把自己置于可以号召当地所有执行者的地位,其中包括为贫困的周边区域提供水资源和卫生设备,其目标是在相关(国家)的公共事业单位、自治市管理者和也有可能是相关国家部门之间发动所有的执行者共同参与。另外,它也随之带来了国际供水公用设施、环境机构、国家非政府组织,例如水资源援助与保护,共同进入该框架内部。通过这些合作关系,它寻求建立当地社区细致的负责水资源与环境卫生的规划,这种规划一定要以可视化的环保效益为基础,以当地实际情况为依托,带来巨大效益的同时也要降低成本,这样才能让贫民基本可以支付非正式供应商的相关费用(WSUP,2008)。这种模式并非要撤掉非正式供应商,而是为这些供应商带来了更大商业契机,这使得每一个参与其中的人都可发挥最大效果。在非洲,城市供水与卫生项目前景良好,该项目在马普托、塔那那利佛,以及内罗毕的基贝拉(Kibera)都在陆续跟进。

城市供水与卫生项目实例反映了努力尝试引进非正式的供水服务系统(这通常情况下是高额的和无计划性的)与大型水资源和环境卫生系统的参与者及其群体一并考虑出务实的路线,这种务实的路线是与现实情境下建立更大、更持久和更有效的居民聚居区相一致的。然而,很多问题也在该计划中表露无遗,例如,较弱的地方分权制度,它可能造成分离状态下自然资源的破坏和低效利用,虽然,在不同层级的政府中,它们对不同资源的处理能力和利用方式各具差异,但是,国家基础设施政策框架一定要了解和利用国家权力下放政策和运行模式后方可实施。

权力下放政策及其运行策略

我们在第三节中指出在非洲，制度的核心问题与地方分权制度的效果确实有很大关系，而且，在不同层级政府之间有关权力和职能的划分方面也的确存在问题。正如在第四章中我们即将阐明的，在大多数非洲国家存在的问题是次国家级的政府，特别是地方政府所分配到的权力明显不足。在上述情况下，行政权力的下放被加以制度化，当地财政通常没有能力提升共享能源的利用率，也无法执行公务或把匮乏的政府间的权力转移到更有能力的地方当局委托管理。上述问题是相当普遍化和系统化的问题。南非在宪法中规定了高度民主化的地方权力下放体系，但是一系列其他方面的问题却接踵而至。在南非，大多数城市发展的核心因子，例如水资源、交通运输、住房、电力资源、道路、健康和教育在三个层级的政府体系中分配不当。例如，以住房为例，国家政府专门拨出了公共住房项目的专用资金，这些资金通过省或省级政府分配给自治市，当然省或省级政府也下发资金支持自治市的住房计划。职能的分配问题也使得政府间的复杂矛盾冲突涌现，并导致了非常严重的后果，尤其是出现了股票的下跌和城市向郊区扩张的加剧（Charlton & Kihato，2006，p. 254；Pieterse & van Donk，2008，pp. 53—60）。①

在有关城市持续发展的不同层次上，基础设施的投资与扩大是必要的策略路径，这也提示我们不同层级的政府之间有关权力和职能的分配可以通过特定的国家行为来完成。但这并非适用于非洲所有国家的唯一准则。非洲国家真正需要的是对国家策略的灵

---

① 在南非，公共住房项目赋予低收入群体以免费享受住房待遇的权利。这个项目的完成是基于资助体系。这个项目也加剧了浪费的扩大化，因为资助一定会涉及土地的成本、基础服务以及实际的上层结构。在此种背景下，土地的价格就会非常昂贵，因此，此项住房计划唯一可以考虑到的适宜之地就是城镇的边缘地带，只有那里的土地价格比较便宜。

活理解，其中包括，如何能把有限的资源最大程度地与国家有关特定背景下城市和乡村聚集区的发展计划相适应，并且与当地（国家）能力和服务供应链的制度化规范紧密结合。例如，国家城市政策框架应该呈现出对国家空间经济的清晰轮廓和深入分析。这就包含了非正式和正式的经济部门（密集程度和价值链），它们在空间的定位是与人口统计和资源流动模式相关的，同时上述经济部门也阐明了人口聚集区的多样化差异与国家经济发展中早就确立的特定的城市中心。对于上述的问题的理解可以为我们提供一种视角，即如何在以当地实力和潜在的提升对国家宏观发展远景及其更广阔视野的关键节点之上使得基础设施的匮乏问题得到更好的解决。如果在缺乏完整的数据链或当地执政者（市长、市政当局、商业利益集团和市民社会组织）没有发挥积极参与的作用下来分析和规划，这就是一种极为愚蠢的表现。只有对当地不同的人口聚集区及其独特的发展地位清晰地了解后，我们才能找到在不同层级的政府和不同机构（例如，国家或城市的公共事业）之间对权力和职能划分的合理路径。

构建地方分权政策框架的第二步是在宏观体系中对制度模式和结构配置做出相应的规定，从而更好地展现出国家城市策略的目标和相关基础设施建设的投资策略。考虑到制度改革的历史背景和国家掌控下持久稳固的政治经济的情况，从现实情况来看，分阶段进行地方分权制度改革和激励所有既得利益群体保持内在动力是目前最为重要的。

我们必须要避免出现的错误之一是创设统一制度来给较低一级的政府分配权力和职能。对当地不同层级的政府与相应的实力、潜在的财政收入能力、人口的规模和密集度的区分是至关重要的。

表3.10显示南非当地政府和省政府之间的职能划分是不同的，这是与国家5个需要高度发展的目标相关。但此表却忽略了以下的事实，即南非的自治市政府和次级城市也可以承担相应的职责，因为它们有强大的地方税收作为支撑，但大多数地方和乡村

基层政府都无法拥有如此强大的财税实力。给它们分配的职能也因此各有不同。该问题自从 2006 年伊始就被认为是主要的政策问题,但政府却没有实力系统化地解决该问题(Pieterse & Van Donk, 2008)。

表 3.10 南非地方政府与省政府的职能分配

职能		宪法中分配的功能	
基本职能分组	次级功能分组	地方政府	省政府
建设利民的环境措施	规划 人类可居住土地 供水 道路 公共交通 住房 电力 固体废物处理 公共空间 公共设施	市政规划 卫生设备;水(饮用水) 浮码头和渡船;城市道路;暴雨;街道照明 城市公共交通 城市机场 电力网络 垃圾清除,垃圾场和固体废物处理;清洁公共空间;城市公园和娱乐场所;沙滩和游乐设施等等 墓地,殡仪馆和火葬场;当地的设施;当地的体育设施	省或地区规划 资产转让费用 省内道路和省内交通 公共交通;地方机场 住房
人权发展	健康 教育 安保服务 紧急服务 社会发展 体育、休闲娱乐、艺术和文化	市政健康服务 公共交通和公园危险防范 消防 关爱儿童设施 包括公园在内的娱乐场所	健康服务 教育 警察(省属);道路交通管制;车辆牌照 救护车;灾难处理机制 福利服务;人口发展 非国家的图书馆,档案馆和博物馆;

续 表

职能		宪法中分配的功能	
基本职能分组	次级功能分组	地方政府	省政府
			省文化事务； 省娱乐场所； 省体育馆
商业发展，住宅条件与环境功能相协调	土地使用 通行（道路与交通） 供水与供电 废物与废水	人类定居点 所有道路 所有供水与供电 所有卫生设备和固体废物	
其他与商业发展和住宅条件相关的功能	农业 特殊商业活动 屠宰场和市场 创办企业（提高收入能力） 环境保护（控制污染） 生态系统和生物多样性	围墙和围栏 城市屠宰场；市场 当地旅游业 管控公共场所 广告宣传；贸易管理；控制烈酒 食品安全许可 空气污染，噪音污染 公共空间（包含城市公园）	农业 屠宰场 旅游业；产业升级；贸易 产酒许可证 控制污染； 保护土壤 自然保护；环境 本地森林

资料来源：Palmer Development Group(2005). Current distribution of powers and functions and impact of devolution to local government sphere with strategy for management of this process. *Unpublished paper*, Cape Town：PDG.

国家地方分权政策框架其关键节点在于该框架需要阐明政府的想法与目的，以及与之相关的基本需求的解决、经济发展，赋予公民权和环境保护的问题。上述目标的实现是通过不同层级的政府之间权力与职能的合理分配。

这同样也表明，明确的政策理论可以解决依托可利用资源、潜在发展道路和政府协同下的发展机遇为基础的不同层级的政府之间平衡与取舍的问题。同样，它也可以解决政府、私营部门和公民社会组织之间的问题。帕尔默发展集团（Palmer Development Group 2005)提出了一个具有实用价值的基本概念,以来解决南非当局面临的困局,这在大多数非洲背景下都是可以实现的(见图3.2)。

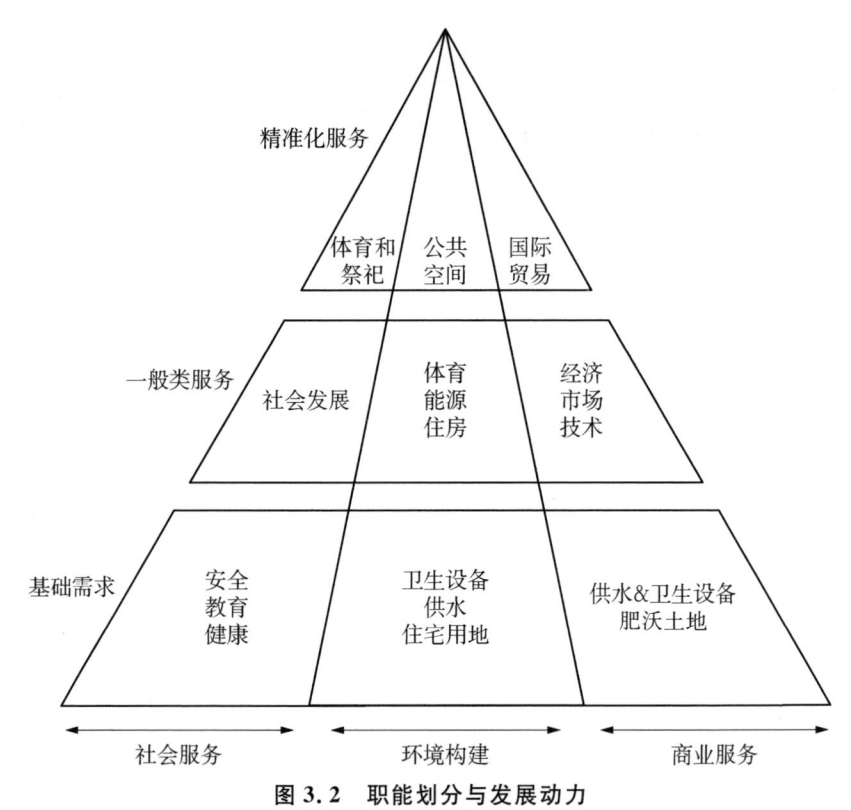

```
                            精准化服务
                    ┌──────┬──────┬──────┐
                    │ 体育和│ 公共 │ 国际 │
                    │ 祭祀 │ 空间 │ 贸易 │
         一般类服务  ├──────┼──────┼──────┤
                    │      │ 体育 │ 经济 │
                    │社会发展│能源 │ 市场 │
                    │      │ 住房 │ 技术 │
         基础需求    ├──────┼──────┼──────┤
                    │ 安全 │卫生设备│供水&卫生设备│
                    │ 教育 │ 供水 │ 肥沃土地 │
                    │ 健康 │住宅用地│         │
                    └──────┴──────┴──────┘
                     社会服务  环境构建   商业服务
```

图 3.2 职能划分与发展动力

资料来源：Palmer Development Group. (2005). Current distribution of powers and functions and impact of devolution to local government sphere with strategy for management of this process. Unpublished paper. Cape Town：PDG.

该框架的关键点在于,它不必广泛地应用于非洲大陆,而是用于解决分配如何满足国家的需要以及适应更为广阔的发展动力之需要,并且,它在另一面为如何划分当地政府权力与不同种类的职能提供合理的途径。

发展地方分权政策的第三步是着重关注增强民主化,它可以助力国家的响应能力、合法地位、权责义务、公民社会的参与权和实施与公民有关的发展项目。政策工具的适用范围对地方分权体制的民主化进程是有效的,全球经验和相关的文献记载都佐证了上述内容的真实性(Amis,2009;Fung&Wright,2001;Gaventa,2006;Manor,2004)。目前我们没有必要改变所有的政策选择,但列表显示民主化进程下的地方分权体制的各个维度是有意义的:

当地选举:在这个方面,决定选举的方式,以及它如何与权力的执行体系具有相互关联性是至关重要的,例如,市长应该是由直接选举或指定人选,或其他方式而产生。很多非洲国家还需要做更多的基础工作以保证当地选举的透明、公正和非暴力。

传统权力当局:如何使得不同类型的传统权力当局相互融合,从而持续产生对地方层面的影响力度的问题需要做出决定。因为这些传统当局都是典型的非选举产生的权力机构,它们与民主化体制的关联问题需要弄清楚,并且它们对公民的援助都是在司法权所规定的框架之外进行的。更为重要的是,传统权力当局在土地使用和房屋需求方面都具有一定作用,这也迫使我们需要更加谨慎思考,以防止它们阻碍经济和社会的发展。

市民之声:我们需要清楚地意识到,市民和市民社会组织通过不同的方式参与政策发展进程、项目和计划的实施,他们还审查和监督了城市健全发展的各个方面。以各种方式有效地促进和提升了公民参与调研的成效与政策发展中的制度框架的建设(Fung&Wright,2001;Goetz&Gaventa,2001)。在资源有限的情况下,更大的需求和各种各样的当地补偿政策可以解决基础服务不足的问题。服务供应,特别是在基本服务和社会发展功能的领域内,需要在合作伙伴内部框架下进行。最后,通过众多不同形式的监管和审查技术,允许市民对服务供应的效率和品质提出意见,从而更好地提升市民之声。市民之声最为有效的形式和参与方式是通过当地发展的进程而实现的,即利用技术手段允许市民参与规划和预算的过程,因为这才体现了资源优先的核心地位。例如,哈拉雷的市政发展项目已经成功建立了知识与经验的重要框架，此框架在本地权力当局和社区之间配合良好，这可以促进从东部到南部非洲进一步发展，尤其是探索参与式预算的发展。

地方分权政策和计划能够实施有效的第四步是加大执行力度。国家的高效率取决于清晰的制度目标、有效的领导集体、国家实力、救援能力、民主化的压力以及对是否达成目标的持续反馈。这在很多情况下是难以完成的任务，因为众多非洲国家结构产生于先前的殖民地的行政制度，之后又与后殖民化时代的垄断政治紧密相连，例如，它们根本没有民主化的土壤或当地民主腐败不堪，从那以后，在结构调整时代的自由化和私有化早已不复存在。接下来是连续不断的制度混乱和非法操控政权，如果想要国家执行能力提高的话，这些难以解决的历史遗留问题迫切需要强有力的领导阶层和权责意识。

小结

在第三章中，我们所讨论的非洲地方分权制度的不同面是更符合非洲实际情境的。上述讨论在一开始阐明了城市化进程中的管理不善以及其消极的发展趋势。比如，贫困人口的增长与大量基础服务的匮乏有直接关系，经济的表现力不佳，贫困人口生活环境恶劣，城市的不平等加剧，以及环境的严重恶化，以上这些使居民聚集区易于受到气候变化的极大影响。

在此背景下，第三节探讨了非洲城市化发展危机中的制度基础，这为我们回顾非洲大陆过去 30 多年的地方分权制度的经验提供了着眼点。当然，非洲地方分权制度的发展也是不尽人意。大部分非洲国家在后殖民时代的背景下，也就是在殖民时代结束后，地方分权制度向前推进了重要的一步，这不仅是因为那时候一些自由主义党派的意识形态理论，还因为随着能源和资源集中化的发展态势，自由主义党派的意识形态理论被地方分权制度取而代之。从大体来讲，尽管自 20 世纪 80 年开始，地方分权制度模式被普遍地重新加以验证，但在大多数非洲国家，它的动态化机制保留了地方分权制度主要的制度结构。

在深度结构调整计划中，对地方分权制度的重新验证并非十分奏效，因为这些计划在提升制度分析的模式上忽略了非洲城市中绝大多数市民的感受。地方分权制度发展史的不均衡产生了重重的矛盾，市政管理中又产生了一系列复杂的政策性问题。这都需要彻底的和具有深远意义的改革。

在第五节中，我们在探讨过政策优先选择的基本点是促进城镇的可持续发展后，我们提出了一个基本框架。从实际效果看，该框架暗含了中央政府需要致力于三大改革政策中：(1)国家城市政策框架；(2)国家制度政策进程；(3)在政策框架与执行策略下的反分权制度的复兴。得到非洲发展银行与泛非洲发展机构对中央政府与区域集团的支持，在实现这些改革时同样具有重要意义。

纵观本章，我们基于过去的失败，从而着重强调了制度改革是为了实现城镇的可持续发展，但不能把此过程视为自上而下努力的结果。它必须真正以自下而上的市民参与为基础，这是制度改革的两个侧重点。

最后，市政当局及政府一定要坚持工作进程与获利相结合的原则。而且，市民社会组织，特别是那些支持贫民窟居民利益的组织，一定要通过有效的途径参与到该进程的部分内容中。当中央政府和精英阶层意识到每个人的长远利益是以创设一种动态化的机制框架为基础，该框架可以把所有政府系统中不同方面的权力和职能分配妥当，那么我们就离切实有意义的制度改革不远了。

第四章

为非洲城市发展筹资

比肯·姆比巴（Bracon Mbiba）

引言：本章的结构及写作目的

本章重点分析了影响非洲城市发展融资结构和内容的中央-地方关系，还指明了城市发展筹资方面的持久挑战，并评估了私营部门参与以及多边机构/捐助方和社区组织参与的潜在作用。

本文重点关注城市金融，因为它涉及土地开发、非洲城市供水和卫生设施管理十年来的改革成果。此外，我们注意到，为城市发展融资本质上是为了强化地方政府，而不论该地方政府是中央权力下放的省、州政府，选举产生的地方政府或公营公司，还是私有化的公用事业。在资产所有权和处置、运营和管理独立性、借款自由程度和政治干预等方面，地方政府运作的中央-地方关系和法定框架是组织结构的核心，限制了特定情况下可能采用的筹资模式。

本章首先突出了中央-地方关系的特点和性质，强调了多样性在实践中的突出性。下文的关于土地开发融资以及水和卫生部门的章节对这些差异展开了说明。第二部分对城市金融的挑战进行了综合分析。特别是，我们认为，如果不在更广泛的地方政府进行改革或在土地开发和管理方面妥善加以处理，对水、卫生和电力等服务的成本回收的关注可能不会产生足够的盈余。因此，利用所提出的管理模式的观点不仅有助于讨论水等公用事业,还有助于土地和住房的发展。

该章评估了过去十年的改革,特别是在城市供水和卫生部门。在这些部门,商业化和绩效管理合同的使用创造了"体制转变"。重要的是,我们目前正在研究地方当局和国际发展组织之间的联系并吸取经验教训,其中包括联合国人居署在该领域的领导工作。令人遗憾的是,城市发展融资方面的信息比较缺乏(UN-Habitat,2009;WSP,2009)。因此,我们呼吁开展协同合作,提高对这些信息的获取能力,供决策者使用以实现城市的有效管理。

报告所提交的材料表明了短期内改善业务和管理文化的重要性。然而,报告强调,改善城市发展融资环境的首要条件是城市的包容性和不断增长的城市经济(UN-Habitat,2008a)。从业人员和决策者还需要更好地了解城市发展与城市经济之间的联系(Tibaijuka,2009)。

城市金融的挑战:中心与地方的关系和城市治理制度

姆比巴(Mbiba)和杜比瓦(Ndubiwa)(2009,pp. 88—90)重申,国家、城市政治经济和法定制度直接影响中心-地方关系,同时也对地方当局和公用事业在提供服务和土地管理方面享有的自由度产生了影响。特别是,我们认为南部非洲的定居者殖民主义和城市种族隔离使得城市治理进行紧急改革迫在眉睫(UN-Habitat,2008,2010)。但是,中非和东非所面临的挑战同样紧迫,直到最近,矛盾冲突和崩溃的经济造成了非洲城市危机(Stren& White,1989),席卷了从1980年代产生的新自由主义改革。此外,大多数国家政府在城市地区和在城市占多数的青年中的选举任务薄弱(UN-Habitat,2008,p. 156)。

在"人居议程"中,城市、市政或地方政府财政背景下的中央-地方关系问题很突出。尤其是在提供公共服务:废物清除、水和卫生设施、街道照明、道路改造、电力、救护车服务等方面(UN-

Habitat，1997）。传统上，中央政府部门或地方政府提供这些服务。根据所考虑的服务，许多国家仍然如此。但是，一些国家正在发生巨大变化（见专栏 4.1）。例如，在赞比亚，90％的供水和卫生服务现在由商业化公用事业提供，7％由地方当局提供，1％由私人计划提供（NWASCO，2008）。

正如下文所讨论的，总的趋势是将责任移交给地方当局和商业实体。但与此相反，在纳米比亚和南非共和国，市政当局从公用事业大量购买水和电，以分配给家庭，而在安哥拉、博茨瓦纳、莱索托、莫桑比克、斯威士兰、坦桑尼亚和津巴布韦，其中一些服务是由有关公共事务当局（国家或地方政府）直接向消费者提供的。一些大城市也拥有独立于国家体系之外的警察管理部门，它们处理刑事案件和交通犯罪的方式各不相同。在最近改革的背景下，苏莱曼（Suleiman）和卡尔斯（Cars）（2010，pp. 273—274）描述了加纳于1997 年成立的公共事业管理委员会（PURC）是如何管理对电价和电力服务质量控制、水和卫生设施的。供水和卫生服务由一系列机构共同提供，包括加纳水务有限公司，该公司负责大部分城市居住区。供水的主要模式可见专栏 4.1。

专栏 4.1 津巴布韦危机后的财政挑战

曾经有位非洲领导人在饮水和公共卫生中（良好的城市管理、无障碍式厕所、针对乡村和城市边缘的循环水泵）已经阐述了津巴布韦的城市发展财政挑战。现在出现了长达十年的政治经济危机，未来五年国家每年需要 2.15 亿美元修复基础设施和设备，使其恢复到 1999 年前的水平（Goz, 2010 a）。但是 2010 年只有 4500 万美元可用。因此，近来把基础设施修缮的方向转变放在首要位置，尤其是电产量和城市供水，2011 年的国家预算中，经济复苏和福利条件改善受到可喜期待（Goz, 2010b）。

在非洲，城市、地方政府或市政府的财政问题往往被认为是财

政资源或收入与支出需求之间的差距(UN-Habitat, 2009, p. 3)。这种财政差距是市政收入缺乏弹性造成的。换句话说,收入的增长并不与城市人口和经济需求同步。同世界许多地区一样,大多数地方当局的大部分收入来自中央政府的拨款或赠款。考虑到中央-地方关系,中央政府最终对地方政府产生了不成比例的影响。因此,地方政府对地方需求的反应越来越弱。

中央-地方关系中常常出现的问题是管辖权冲突和"无经费授权"问题(UN-Habitat, 2008, p. 158),即城市当局代表上级政府(州、地区和省)履行职能。在没有从上级政府得到相应补偿的情况下,从自己的收入中支付这些职能所需的费用。通常情况下,一旦钱被支出,就会产生滞后,通货膨胀和时间成本等问题也随之出现。而且,地方当局的大部分收入用于支付人事费用,几乎没有改善系统或资本投资。

一般而言,工资占地方当局开支的30%至40%(UN-Habitat, 2008a, p. 158)。然而,即使像布拉瓦约这样管理良好的城市,当经济陷入危机时,这个数字也会上升到高达80%(图4.1)——这是哈拉雷模式。随着人事费的增加,资本开发的实际支出下降(图4.1),自2003年以来,津巴布韦城市的实际资本支出从未超过10%。

另一个问题涉及不同的国家部门或部委之间的责任分配和政策行动的协调,特别是在水部门、农业和土地/自然资源(用于水坝和灌溉)、能源和运输(用于发电)、地方政府和城市发展(城市和治理)以及卫生都与水管理部委存在关系。如果各国以提高水力发电为目标,能源部门将起带头作用,而与卫生有关的问题可能不是优先事项。[①] 直到最近,在南部非洲,水基础设施的发展以及水和关税结构的分配优先考虑农业和灌溉用水,而非城市供水和卫生设施,在布基纳法索的情况与之相似。向城市地区提供水和卫生设施的国营公司,即国家水和卫生局(ONEA),这个部门受到了农

---

① 津巴布韦的农业部门消耗了全部用水的70%(GoZ, 2010a)。

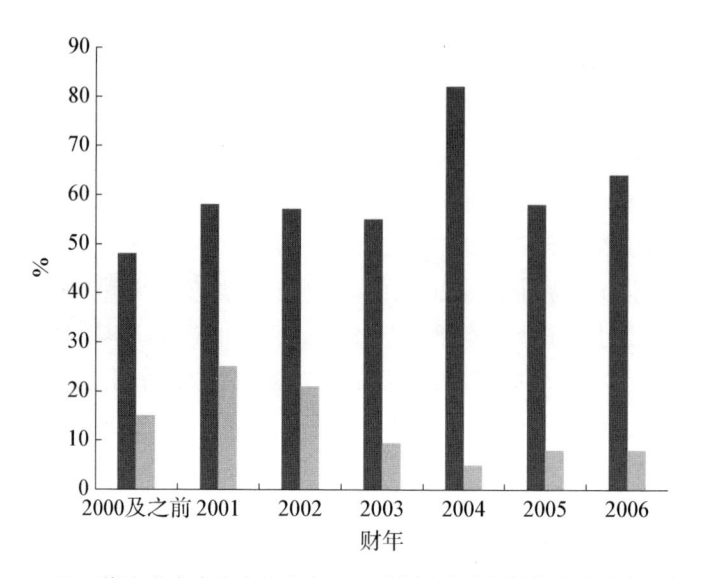

图 4.1　布拉瓦约市工资和预算占比

资料来源：布拉瓦约市年度审计报告. 赞比亚政府. (2010b). Zimbabwe: *The 2011 national budget—shared economy, shared development, shared transformation—Creating the fair economy*, Harare: Zimbabwe Ministry of Finance.

业、供水和渔业资源部的监管。

在津巴布韦,只有在城市地区出现健康危机(2008—2009年霍乱流行病)之后,政府才将水管理责任归还城市,扩大利益相关者的范围,并寻求新的体制结构和融资机制(Goz,2010;UN-Habitat,2010)。2006年,政府将所有城市水管理和资源转移到津巴布韦国家水务局(ZINWA),这造成了体制冲突,并导致城市供水和卫生服务迅速崩溃。只有布拉瓦约市抵制了政府施加的所有政治、法律和财政压力,要求津巴布韦国家水务局在四年内将管理城市用水这一责任强制移交。

关键之处在于每个国家的法律规定是如何界定地方当局的财政和组织自主权的,特别是在其管辖范围内增加收入和在国家干预最小的情况下管理城市发展的权力。政府拨款以外的主要收入来源应该是土地收入(土地或财产税、收费、租金、土地费)。但这些项目在南部非洲地方政府收入中仅占10%至40%(UN-Habitat,1998,2009,2010;City of Johannesburg,2010,p.3)。因此,南非的电力和津巴布韦的水是地方当局创造收入的主要来源。在非洲其他地区,土地税占收入的40%以上,并且预计情况不会好转。所以土地记录的更新和收集效率的低下,行政方面的挑战(UN-Habitat,2010,pp.219—211)是导致撒哈拉以南非洲其他地区的土地税低于南非的原因。

如表4.1所示,缺乏关于土地供应的充分信息,意味着地方当局无法对其管辖范围内的所有财产征税。而当他们这样做的时候,名单已经过时,所使用的记录并不能充分发挥土地的潜力。另外,收费收入下降,而没有随着城市地区的增长而上升,这是生产总量的问题(UN-Habitat,1998)。

表4.1 非洲土地信息的利用率和可使用性

	国家	土地信息利用率	土地信息的可使用性
南部非洲	安哥拉	60.0	36.8
	莫桑比克	62.5	33.3
	南非	85.0	47.4
	赞比亚	75.0	37.5
	地区平均	75.5	37.26
东部非洲	埃塞俄比亚	2.5	0.0
	肯尼亚	85.0	22.2
	坦桑尼亚	62.5	36.8
	乌干达	77.5	25.0
	卢旺达	50.0	38.5
	苏丹	30.0	30.8
	地区平均	51.25(不含埃塞俄比亚)	26.88(不含埃塞俄比亚)

续 表

	国家	土地信息利用率	土地信息的可使用性
西部非洲	布基纳法索	50.0	31.6
	喀麦隆	55.0	52.6
	科特迪瓦	75.0	47.4
	加纳	85.0	30.0
	利比里亚	15.0	28.6
	马里	5.0	28.6
	尼日利亚	67.5	50.0
	塞内加尔	75.0	50.0
	塞拉利昂	30.0	26.3
	地区平均	50.8	38.3
撒哈拉以南非洲平均		58.5	41.3
全球平均		70.6	33.9

资料来源：World Bank. (2010). Investing across borders 2010. Washington, DC: The World Bank.

* (Based on main cities)(100=fully available or fully accessible)

  肯尼亚 1980 年至 1997 年的数据说明了非洲城市金融危机的典型情况。在此期间,全国土地平均违约率为 30% 至 35%(UN-Habitat,1998,p.10),1996 年,蒙巴萨的违约率为 68%。在内罗毕,该城市征收了 1991—1992 财政年度到期应收费用的 90%,而到 1995—1996 年,征收率降至 63%。因此,土地价格对内罗毕收入的贡献急剧下降,从 1985 至 1988 年期间的 70% 至 77% 的高峰降至 1991—1997 年期间的 51% 至 55%(Mbiba & Njambi,2001, p.8)。显然,在最近的改革之前,这些模式处于非洲城市危机的顶峰。但我们缺乏全面和最新的国家、区域和大陆数据,而这些数据正是我们进行长期监测和分析比较所迫切需要的。①

---

① 腐败和浪费仍然是内罗毕最大的短板和负担(参照 City of Nairobi Strategic Plan 2006—2012, p.6)。

然而,坦桑尼亚达累斯萨拉姆市议会表明了改善、创新和克服差饷部门能力制约因素所作的努力。累斯萨拉姆证明,更新和管理估值的创新方法可以比传统方法产生更高的基础收入。佛朗森(Franzsen)和麦克-克拉斯克(Mc Cluskey)(2005)报告称,在两年时间里,临时市议会利用内部能力,成功地在其统一税收财产登记册上增加了约 8 万处房产,每处房产的费用不足 1.00 美元。相比之下,私人顾问在估值名册中仅增加了 5000 处房产,显然其更为有利,在同一时期内每套物业服务的成本约为 17.00 美元。

根据具体情况,城市地方当局也有其他非土地收入来源;例如,用户收费、收入税、许可费(车辆、企业)、服务费和创收企业。在南非地方当局保留了配电任务,它们产生的盈余在 4% 至 14% 之间,因此他们不愿像在大多数非洲国家那样,将这一责任剥夺(UN-Habitat,2008,p. 158)。联合国人居署(2009,p. 7)记录,创收企业是地方政府收入的另一个来源,特别是在坦桑尼亚、尼日利亚、肯尼亚、南非和津巴布韦。例如,在津巴布韦,浑浊啤酒的营销由其管辖范围内的地方当局垄断。地方当局还参与城市周边的牲畜饲养和销售(Mbiba,1995)。① 国家法律背景可变但至关重要。

最后一个但也是重要的问题是借款。很少有地方当局(例如南非、纳米比亚、津巴布韦、乌干达)和公用事业有合法的借款权。如果他们这样做,就需要政府批准超过一定的金额。在其他情况下,借款是完全禁止的,比如在肯尼亚和博茨瓦纳。2010—2011 年约翰内斯堡的资本预算将由 64% 的现金和贷款、29% 的国家和省级拨款以及 7% 的其他来源提供资金组成(City of Johannesburg,2010)。借贷能力也因信誉不佳和信誉受损而受到损害。缺乏有能力的高级管理人员削弱了战略和业务活动,包括与外部合作伙伴谈判贷款或合同的能力。在下一节的概念讨论之后,将详细讨论这些问题。

---

① 此外,笔者于 2010 年 12 月分别在哈拉雷、布拉瓦约和圭鲁(Gweru,津巴布韦中部城市)采访了当地官员。

融资城市发展：一个全局的视角和财政挑战

对大多数城市成果和居民来说，在支付诸如水、电、垃圾清除、卫生和教育费用等一线服务时，就产生了城市财政问题。这些服务是幸福和发展的关键要素，这在千年发展目标和消灭贫民窟的城市运动中得到了正确的体现。① 然而，1996年伊斯坦布尔会议筹备过程中形成的、并在随后的人居议程②中得到强调的整体观点表明，这些服务的提供和供资与提供服务之前的城市发展活动即土地开发过程，高度交织在一起（Adams，1994；Harvey，1996；Healey，1991；Rakodi，1996）。

土地开发过程涉及一系列增值活动。由提供服务或设施的决定引发，该过程涉及土地识别和选址、土地征用、土地使用规划、分部和布局设计、地籍调查、基础设施设计和建筑工程、建筑和建筑设计、建设、长期运作和管理（Adams，1994；Healey，1991）。城市发展过程的核心是提供住房、商业、工业和娱乐空间——所有这些都完全由道路、电力和下水道提供服务。这里要说明的是，虽然地方政府和公用事业的运营和管理很重要，但必须将其理解为这一复杂过程的一个组成部分（见图4.2）。这一过程的"润滑剂"是每个阶段的治理和融资，其保有权、财产制度和专有技术是所有特定背景下的其他关键决定因素。参与土地使用过程的开发商是冒险希望赚取收入的企业家。该过程中遇到的风险和成本越高，公众可获得的最终产品（住房）或服务（水、下水道）的成本就越高。20世纪90年代撒哈拉以南非洲地区的城市发展监管审计显示，在允

---

① 参见MDG7 Target 10关于可持续获得安全饮用水和卫生设施报告；参见"The Challenge of Slums: Global Report on Human Settlements 2003", Nairobi, United Nations Human Settlements Programme; and MDG Goal 11, Cities without Slums。
② 联合国人类居住第二次会议（HABITAT II），伊斯坦布尔，土耳其，1996年6月3日至14日。参见联合国人居署（联合国人居署），2002年。

许开发的城市边缘地区,获得中型住宅开发(50 至 200 个单元)的批准、许可和头衔的所需时间的中位数约为 23 个月,而世界平均水平为 13 个月(Goz,USAID,1995,p.83)。最近,投资数据证实,非洲城市的土地信息获取极为困难,即使这些数据可用并作为行政程序的一部分收集的城市也是如此(World Bank,2010)。由于无法获得信息,在规划、基础设施设计和建设、地籍测量、建筑和规划编制等方面出现了上述延误。其结果是:

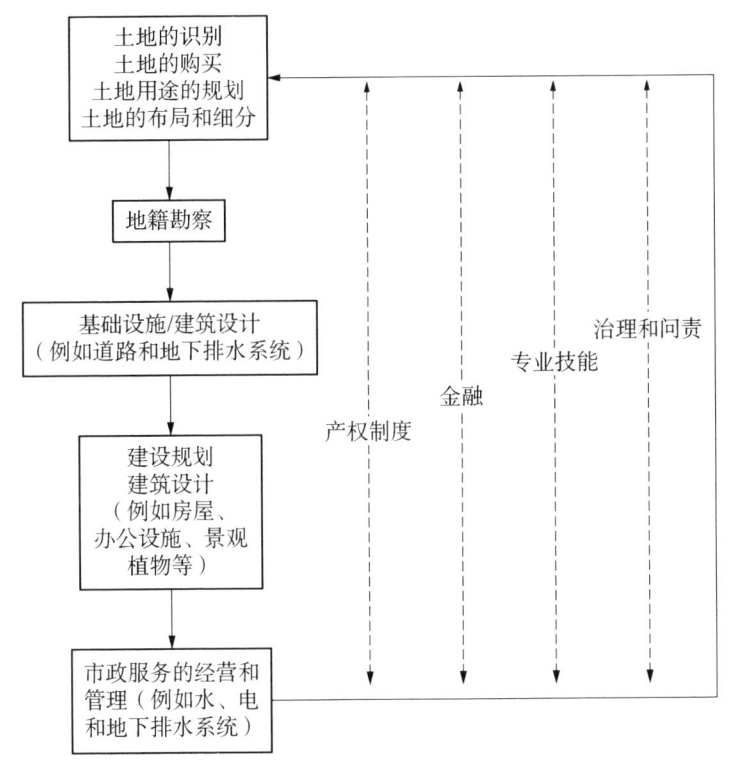

```
┌─────────────────┐
│ 土地的识别       │
│ 土地的购买       │ ←──────────────────────┐
│ 土地用途的规划   │                         │
│ 土地的布局和细分 │ ↕   ↕   ↕   ↕          │
└────────┬────────┘                         │
         ↓                                  │
┌─────────────────┐                         │
│   地籍勘察       │                         │
└────────┬────────┘                         │
         ↓                    产 金 专 治    │
┌─────────────────┐           权 融 业 理    │
│ 基础设施/建筑设计 │           制     技 和    │
│(例如道路和地下   │           度     能 问    │
│ 排水系统)        │                    责    │
└────────┬────────┘                         │
         ↓                                  │
┌─────────────────┐                         │
│ 建设规划         │                         │
│ 建筑设计         │                         │
│(例如房屋、       │                         │
│ 办公设施、景观   │                         │
│ 植物等)          │                         │
└────────┬────────┘                         │
         ↓                                  │
┌─────────────────┐                         │
│ 市政服务的经营和 │                         │
│ 管理(例如水、电  │─────────────────────────┘
│ 和地下排水系统)  │
└─────────────────┘
```

图 4.2 为城市发展融资:一个全局视角的融资挑战
资料来源:The author.

1. 投资风险增加,特别是在通货膨胀和政治不稳定的经济环境中。
2. 很少有开发商、投资者和服务提供商准备承受这种延迟或信息不足的情况。但如果他们参与，他们会收取更高和惩罚性的服务和产品费用，这对大多数穷人来说是无法承受的。

3. 开发商和投资者选择风险最低的项目和服务，尤其是高收入群体的项目和服务，并避开最贫穷人口居住的地区。

4. 拖延和信息不全也为价值链上的决策者创造了效率低下、腐败和进行其他"权力寻租行为"的机会。[①]

5. 在非洲迅速城市化的过程中，延误导致住房和服务积压。

6. 无力支付服务的穷人诉诸于非正规经济。非正规经济的增长侵蚀了地方当局的收入基础。

住房融资可能是一个有用的子行业，有助于说明土地开发过程中的条件以及查明拖延、瓶颈和制约因素对贷款机构的影响。为了使住房融资具有可持续性，建筑协会等贷款机构希望获得合理的抵押贷款投资回报。为此，建筑协会的贷款利率应高于商业银行的存款利率。然而，在大多数非洲国家，主要利率和贷款利率已经非常高，导致抵押贷款利率难以承受。

例如，2010年初在加纳，加纳银行的最优惠利率为16%，许多银行的贷款利率约为30%。虽然银行支付的存款利率为10%或更低，但抵押贷款的利率高达27%（Yeboah, 2010, 27 April）。虽然这可以确保贷方保持业务，但抵押贷款对大数人来说是负担不起的。在非洲，一栋典型的正规建造的房屋的成本是难以承受的，以至于即使在南非这样一个抵押贷款制度十分先进的国家，也只有13%的人口能负担得起（Fin Mark Trust, 2010, p. 49）。除了南非和毛里求斯以外，芬兰信托基金（2010）的数据显示，能够在非洲市场上买得起这样一栋正规建造的房子的人口比例低于5%。此外，被排除在金融市场之外的人在莫桑比克的比例高达78%，在马拉维高达55%，在坦桑尼亚高达54%，在博茨瓦纳高达33%，在赞

---

① 参见苏莱曼（Suleiman）和卡尔斯（Cars）（2010, p. 279）。

比亚高达63%，在尼日利亚高达53%，在卢旺达高达52%。

如图4.3所示，抵押贷款对GDP的贡献率表明，非洲大部分地区的正规住房市场疲软。该图表突出显示大多数非洲国家的抵押贷款和抵押贷款信息的缺乏，尽管其中一些可以视为当地机构的"灰色材料"。需要紧急干预的是，与研究机构、国家统计局、国家银行和专业协会合作，世界银行、非洲开发银行和联合国人居署等发展机构应促进和扩展强有力的城市发展所需的信息收集，如同联合国人居署二期前的财务指标那样。①

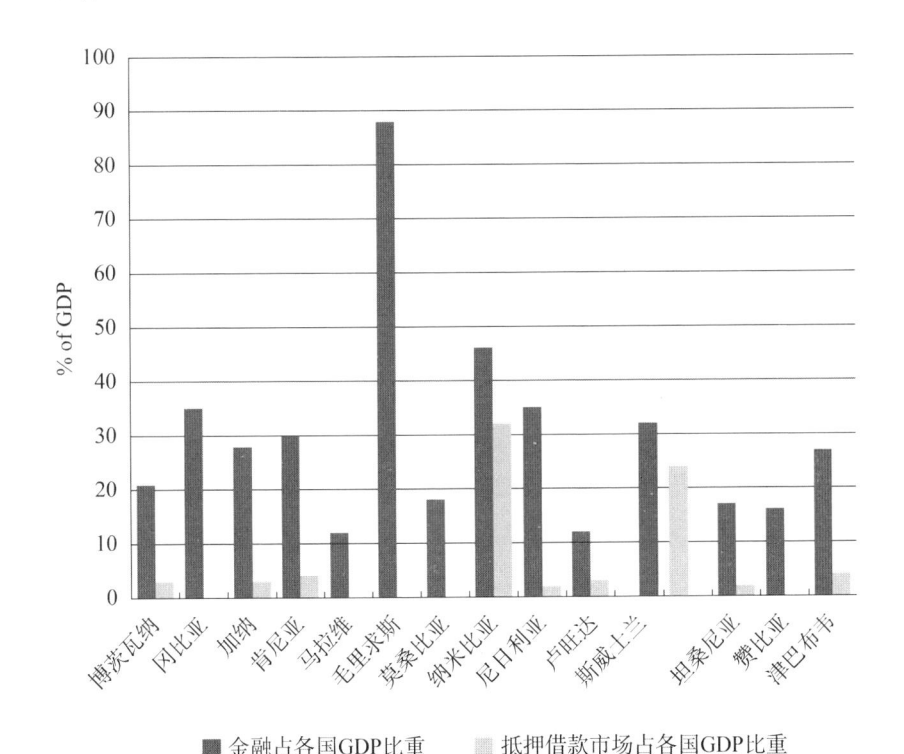

图 4.3 金融和抵押货币市场占各国GDP比重

---

① 反应城市住房状况的一个指标是抵押贷款占住房总投资的比例（信贷价值比）。目前，对大多数非洲城市来说，这个数字的占比非常低。该指标也使得中国国际信托投资公司对住房市场金融演变趋势的监测成为可能。

在冈比亚这样的国家,只有18%的建筑物使用的是耐用材料(Fin Mark Trust,2010,p.26),这使得抵押贷款市场难以增长。禁止借贷成本、不稳定的经济、土地开发过程中的障碍和瓶颈导致了穷人无法承受的城市基础设施、房屋和服务费用,而他们占了人口的大多数。城市发展的融资取决于国家政治经济的关键方面,即:各部门的组织、中央-地方关系、地方政府和宪法的地位、市场运作的经济模式、人类经济中的资本[①]和土地使用权及法治。与其他国家相比,那些构建社会治理的国家和那些不发达的城市土地具有市场价值的国家为城市融资提供了不同的挑战和机会。尤其是,这将影响到开发商和投资者的范围和组合,以及开发、运营和管理模式(Harvey,1996)。

上一节的含义是,正规城市土地和住房市场疲软导致地方当局从收费中获得的收入不足。总的来说,后续的收入非常少。非洲国家需要全盘统筹,将土地开发进程与下一节建议的管理体制安排联系起来。

城市发展和公用事业所有权及管理的启发式模式

在城市发展、公用事业管理和服务提供方面,公共部门(国家、中央政府或地方政府)作为一个特定地区的社区的所有者、开发商、管理者和服务提供者,采取标准和传统的体制办法。

然而,在产出、交付效率和成果方面的业绩并不令人满意,这导致政府寻求其他办法来组织、资助和管理城市发展。图4.4概述了潜在的公共、社区和私营部门伙伴关系的范围。[②] 右上角是私营部门或社区实体完全掌握发展进程的情况,管理和服务以及土地和其他相关的有形资产。实际上,大多数非洲国家处于公私伙

---

① 专门知识和专业技能的缺乏(Harvey,1996,p.72)不仅存在于公有制企业中,在坎帕拉的私营企业中也存在(参见本章城市供水部分)。
② 关于这些模型的广泛定义请参见附录1。

伴关系的早期阶段,其特点是公共部门服务和管理合同的商业化。此外,非洲国家还在探索租赁合同、特许权和完全标记的私营部门模式。

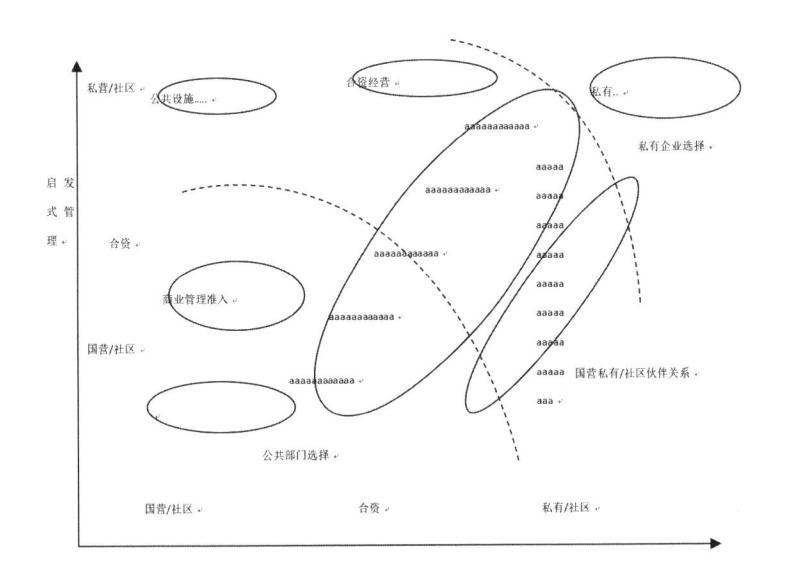

图 4.4　城市发展、公共事业所有权和经营权的探索模式

私营部门的作用以及开发过程和实用新型的复杂性,使我们越来越多地朝着图 4.4 的方向发展。桑塞姆(Sansom)、弗朗西(Franceys)、吉鲁(Njiru)和莫哈尔-拉耶斯(Morales-Reyes)(2003, p.1)指出,服务和管理合同是私营部门参与(PSP)和公私合作伙伴关系(PPP)的两种最常见形式,特别是在水部门。PSP 和 PPP 安排的复杂形式,如租赁、特许权、建设运营和转让(BOT),有可能带来实质性的好处。然而,其成功取决于大多数非洲城市并未完全普及的条件。BOT 合同要求高关税以满足运营商成本。合同期通常持续 20 年以上,以使承包商能够偿还贷款并实现投资回报(Sansom. al,2003)。但是,非洲很少有国家拥有持久稳定的政治和经济环境来支持这种联系。尚未完全开发的其他条件包括强大的信息和管理系统,竞争性采购和招标流程,管理复杂合同的当地专业指导,允许竞争性PSP,公正的争议解决和裁决当地市场的竞争(Schwartz,2009;Sansom. al,2003)。

与图4.2和图4.4互补的模型是将发展和金融的空间维度结合在一起的模型,例如:

(1) 场外资本项目,如水库、高速公路和区域分销商网络;
(2) 现场开发和投资,例如通路、供水、下水道和电线;
(3) 每个财产或地块的地上基础设施和服务。

融资条件(1)和(2)是非洲大部分地区的主要差距,家庭、社区和非正规部门只能一定程度上在(3)和(2)有所作为。特莫雷(Tremolet)、卡尔斯科(Kolsky)和柏雷兹(Perez)(2010)的工作最近验证了家庭,特别是低收入家庭对投资现场卫生设施的意愿,特别是低收入群体。

在人口迅速增长、收入减少和提供服务的公共能力薄弱的情况下,在不同情况下采用了PPP和其他干预措施。[①] 因此,为了解决这些问题,必须确定并从已经进行此类干预的经验中学习。以下各节将确定并阐述土地开发进程中的第一个融资模式,然后是公用事业管理,特别侧重于城市水和卫生部门。这些部门是实现千年发展目标的关键,也是改善居民福祉的最高优先事项。如本章第8节所强调,供水和污水处理服务有可能产生盈余收入。

为城市发展筹资:提供土地和住房方面的进一步见解

本节将讨论私营部门如何参与在产权和合同条件有利的情况下为城市发展融资作出贡献的典例,特别是在私人拥有城市和城

[①] 在多达715份的报告中,只有10%的关于供水与卫生的PPP是来自20世纪90年代的撒哈拉以南非洲(参见桑塞姆[Sansom] et al,,2003b, p. 18, volume 2)。

市周边土地所有权的国家,这带来了问题也带来了机遇。正如在南非和津巴布韦所看到的,土地拥有者尽可能长时间地保留着土地(土地投机),在最需要的时间和地点限制土地供应(Rakodi,1996;UN-Habitat,2008)。当这块土地最终被放出时,它就会以细小的、散乱的和昂贵的碎片形式出现,土地成本成为城市发展进程中最重要的组成部分。其他地方的政府则通过提高土地税来应对。过去,他们采取土地国有化(如莫桑比克、赞比亚和坦桑尼亚),并对私人可以持有的土地设定限制。然而,这可能不会释放所需的土地。因此,出现了一系列备选办法,其中包括让私营部门和地主参与发展进程。这些措施的特点是土地集中和土地重新调整(Doebele,1983)。

土地集中和调整的版本:诺顿(Norton)镇的土地

土地汇集是指一群土地所有者聚集在一起,与地方当局合作,巩固他们的土地用于城市发展。例如,在20世纪90年代,由于首都中产阶级居民对住房用地的需求,位于哈拉雷以西40英里的诺顿城郊区的一群农民放弃了部分耕地用于城市发展,哈拉雷地方当局准备了土地使用计划,农民根据这些规划来计算基础设施所需的土地面积和出售后获得的收入来对比提供所需基础设施(排水、道路、下水道、水电主线)的费用。利润率基于保持甲方尽可能低。利润将来自出售剩余的服务土地(乙方),每个所有者获得的收入与他们为主规划贡献的土地份额成正比(甲方+乙方)。该土地(甲方)的一部分是为低收入群体保留的。

实际上,对地方当局的吸引力在于,土地所有者将提供有充分服务的土地。协议是,地方当局将负责行政费用:选择土地并分配给低收入受益人。中等收入和高收入群体的土地首先以市场价格出售,以便地主能够从其投资中获得收入,并为低收入群体创造收入以补贴随后的阶段。收入群体的组合确保了一个充分包容的项目的发展,在这个项目中,中产阶级通过使用公用事业服务补贴贫穷群体购买土地。在图4.4模型中,这将是混合型的PPP。

私营部门主导的发展(OMPIC)
——以哈拉雷(Harare)西城项目为例

到20世纪90年代初,哈拉雷的自由化经济正在经历繁荣和快速增长。然而,地方当局提供的住房和基础设施资源持续减少。西城项目是养老基金的经理们对津巴布韦旧共同财产所作的回应。他们协商购买了550公顷的布拉夫希尔庄园,然后在哈雷市中心西部的洛马贡迪路附近建立了一个城郊农场。虽然旧共同财产是项目所有人,但也引进了其他私营部门行为者来管理土地使用规划、勘测、基础设施开发、营销、客户选择和收费等活动。计划中的发展项目(现已完成)设有市区商业核心(包括商店、电影院、医生套房、邮政局、银行和警察分局等的著名购物中心),轻型工业区和住宅区,供中低收入群体使用,居住面积为800平方米,最高为4,500平方米(为高收入群体使用)。①

为资助发展工程,发展工程分阶段进行,把计划外土地售予准客户,并把多个工程分包给不同的建筑承建商发展。每一阶段的设计都是为了销售和筹集资源,以便为下一阶段提供资金。建筑协会,CABS(中非建筑协会)在选择客户、收集存款和管理抵押贷款方面发挥着关键作用。同时,开发商也可以对随后各阶段的地块价格进行通胀调整。根据《津巴布韦区域城镇规划法》第27条的规定,所有的房产都是严格按照哈拉雷市议会标准开发的。

西城为哈拉雷(OMPIC,1995)的物业存量中共增加了2574个住宅单位。与诺顿开发项目一样,西城为成千上万的中高收入家庭提供住房,否则他们会将目标瞄准在为穷人开发的库瓦扎那

---

① 价格和条件相比是如此的高,以至于当时大多数中产阶级没有资格参与大学公开辩论。

(Kuwanzana)、布迪里奥（Budirio）和兹瓦拉斯瓦（Dzivarasekwa）等项目上。重要的是，这两个开发项目都能利用私人资源和创新来为地方当局提供免费的现场基础设施资金。

然而，尚未解决的问题涉及到了发展后续的供应和服务管理问题，以及为外部资本项目提供更广泛的资金的问题，如水坝、供水和污水工程，以及在哈雷（以及格拉瓦约[Bulwayo]和圭鲁[Gweru]①等其他城市）其他地区更新已有40年历史的水管工程。在模型中，OMPIC西城是一个典型的私营部门合资企业，具有高质量现场基础设施的高价值房地产和商业开发，为地方当局提供了增加收入的基础（费率）。曼达山（卢萨卡）和乡村市场（内罗毕）是类似的开发项目，同时也是非洲大多数主要城市的特色。

即使土地属于公共所有或社区所有，此类发展也是可能的。尤其是在西非，位于公共或社区土地上的巨大贸易市场是加纳的阿克拉、伊巴丹、阿比让、库马西②等城市的经济核心，城市管理机构（AMA）将这些市场的再开发作为城市经济发展和复兴的核心特征。利用国家社会保障和保险管理局（SSNIT）创建了一个私营实体，AMA公司开发了新马考拉市场二期作为合作伙伴，其运作和管理包含了传统社区社会资本和私营部门的各个方面。

在这一市场和类似市场中，业务活动设法支付基础设施和维修费用。从这些案例中可以重申的一个关键点是，不同的私营部门可以在发展进程中发挥不同的作用。同样重要的是，特别是在南部非洲，养老基金（采矿业、铁路和地方政府）的作用，其资源可以为基础设施和城市发展做出重大贡献。

---

① 2010年12月笔者采访哈拉雷市的高级官员，其表示修建Kunzwi大坝的效益相当于更换整个城市陈旧的管网系统。与此同时，在布拉瓦约市也进行了相关话题的讨论，讨论结果认为，由于资金短缺，2011年计划更换5公里管道的目标将会比2004年的同等目标更难实现。

② 例如位于阿克拉市北部Legon，peri-urban的Madina集市。

非洲城市公用事业模式：水和卫生设施的提供和概述

从公共部门到私营部门的参与

尽管私营合作者鼓励在这一部门改革和引进公共部门供水服务，但公共部门的所有权和管理仍然是主导模式（Schwartz，2009）。图 4.5 反映了世纪之交的水资源官方所有权和管理。

符号说明
- 公用事业
- 政府/多方的
- 私人运营商
- 合资机构

图 4.5　非洲公共事业的主体：水和排水部门

但是，大多数公用事业公司都因缺乏资本投资和运营效率低下而受到困扰。这导致水资源流失严重①、成本回收率低、关税水平低、每 1000 个人中行政人员比例特别高、劳动力成本高、生产率低、供应率低、供水不稳定、水质差、覆盖率低、问责制不完善和自主权不足等问题，体制安排不合理，缺乏有效的监管框架（Mwanza，

---

① 在水源的输送中，浪费、渗漏、蒸发以及私自接搭管线等因素都会造成水源的流失。

2006)。此外,公用事业虽得到大量补贴,但在一些城市,中产阶级和富裕群体比大多数穷人受益更多(Kjellen,2006;UN-Habitat,2008)。

这些失败的结果包括经济投资和增长受阻、生活质量差、与水有关的疾病以及大多数穷人的健康状况不佳(UN-Habitat,2008,2010;Tremolet. al,2010)。例如,在加纳,水传播疾病占所有疾病的 70%(Mills-Tettey& Adi-Ado,2002;Suleiman&Cars,2010,p. 272)。2008—2009 年津巴布韦城市霍乱疫情清楚地表明,当公用事业崩溃时,穷人受到不同程度的影响(UN-Habitat,2010,pp. 210—211)。因此,在改革的必要性上达成了一致意见,尽管对如何进行改革尚未达成共识。这些公共部门公用事业在水部门的早期改革是由以下愿望推动的:改善税收、扩大覆盖面、向公用事业注入资本以及改善治理(Sansom. al,2003;Schwartz,2009;Suleiman&Cars,2010;WSP,2009)。这些改革涉及公共部门框架内的服务商业化,或使私营部门在某些方面参与公用事业管理。

这些改革的主要特点和成果体现在对城市供水设施中的 PSP 的六个非洲案例研究的全面审查中(Sansom. al,2003,pp. 110—146),几项博学研究(Joffe. al,2009;Kjellen,2006;Schwartz,2009;Suleiman&Cars,2010;Tremolet. al,2010)和正在进行的私有化方案的报告(NWASCO,2002,2010;WSP,2009)。在 PSP 的背景下,国家或者像赞比亚的 NWASCO 这样的法定机构,保留了规划、监管、应急服务、合规监督、社区和客户照顾的核心职能。PSP 负责处理服务合约(例如,收取帐单及查阅水表),然后处理部分或整个城市配水网络的管理合约,最终目的是向特许方向发展,如约翰内斯堡水务公司,图 4.4 中从左到右对角线移动。

根据桑塞姆(Sansom)等(2003,p. 112)的说法:

> 选择这类合同的主要原因包括:有可能以更好的激励措施来改进业务管理,产生更好的质量管理信息和系统,以便今后有可能执行更复杂、更全面的合同,如租赁和特许权。

结果各不相同，这取决于合同的质量、专业知识和政治经济的背景条件：

1. 根据桑塞姆（Sansom）等（2003）的说法，只有约翰内斯堡水管理合同使用了充分的采购和投标程序来选择管理运营商以管理水和卫生服务。在坎帕拉[①]和马林迪的其他案件中，服务和管理合同是在没有投标的情况下授予工程公司的。选定的国际公司没有管理此类工作的经验，但由于以前从事的建筑工作而被选中。在加纳，经过长期和有争议的改革和私有化尝试后，加纳水务有限公司的管理合同被授予外国私人运营商，Aqua Vitens Rand Ltd（AVRL）由来自荷兰的威顿斯（51％）和来自南非的兰德沃特（49％）拥有（Suleiman&Cars, 2010, p. 284）。招标工作于2006年开始，但招标过程是否公开仍然存在争议。

2. 对于社区组织是运营商的基贝拉（肯尼亚）和通哥特（南非德班），承包商向当局寻求接管各自领域的水管理服务。没有招标（Sansom. al, 2003）。幸运的是，他们的表现比坎帕拉和马林迪的PSP合同要好得多。

3. 来自世界银行和德国技术合作署捐助者的资金是坎帕拉和马林迪倡议的触发因素。它为有限的成功作出了部分解释，因为一旦捐助者资金到期，就没有内部改变动力来维持改革（见专栏4.2）。一旦外部支持到期，管理和操作就会重现PSP之前的情况。

4. 桑塞姆（Sansom）等（2003）和斯瓦特（Schwartz, 2009）也发现，在运营和管理有所改善的地方，PSP转型并没有为源工程、批量传输管道、处理工程、存储、住宅管道连接和仪表装置（场外和现场基础设施）带来或吸引任何投资

---

① 坎帕拉1998年收入改善计划管理合同（KRIP）。

资金。

5. 此外,尽管税收情况有所改善,但所筹集的资金不足以进行新的投资;因此,关税的提高似乎不足以作为支持资本投资的财政能力的基础(Schwartz, 2009, p. 408)。

6. 缺乏竞争性的合同竞标削弱了双方的潜在利益。

7. 重要的是,当地管理供水合同的专业知识和当地市场条件使PSP的竞争力较弱,外国公司在合同管理中发挥着关键作用,例如约翰内斯堡水务公司。此外,在塞内加尔,SDE(一家私营水务部门运营商)的母公司是法国最大的工业集团之一"浮力集团"。洛夫(Loffe. al, 2009)表明,在技术和系统方面,这已被证明是一个强有力的支持来源。在"公司化"的公用事业中,为改善业绩而改变组织文化的工作进展缓慢,而外国承包商向当地工作人员传授专业知识的工作并不总是像在坎帕拉那样有效。

专栏4.2　国际部门在城市公共设施改革中的重要角色

国际捐助者和贷款机构实施了"国际饮用水十年"(1980—1990)计划,继续资助非洲主要饮水和公共卫生计划,例如:美国救助非洲可持续饮水和公共卫生;世界银行饮水和公共卫生项目;联合国饮用水十年(2005—2015)。世界银行推动了加纳城市公共设施的私有化,在津巴布韦也有影响,包括中国、爱尔兰救助项目、德国和丹麦,还有其他一些重要的饮水和公共卫生部门参与者(NWASCO, 2008, p. 3)。尽管很受欢迎,但是PSP计划的持续性受到非洲国家的竞争,而且由于政治经济上存在结构性缺陷,当地市场缺少有竞争力的参与者。

此外,政府还在更广泛的公用事业治理方面启动了改革。为了实现服务的商业化,政府设立了国家理事会、公司以及供水和卫生公司。但在大多数国家,政府对这些董事会和公司保留着许多权力。供水和污水处理设施没有充分的财政自主权,仍然严重依赖中央政府的财政。鉴于资金来自国际金融机构(如世界银行)的贷款形式,提高城市公用事业的信誉,并确保 PSP 提高信用评级、实际税收和偿还贷款的能力至关重要。

治理改革和新兴实用的新型水与卫生部门

过去十年来,人们可以确定改革带来的新趋势:所有权和运作模式的混合。首先是中央或地方政府通过持有公司拥有的公共财产实现对资产的直接所有权,如塞内加尔和肯尼亚的七个资产持有水委员会,赞比亚的理事会。还有一些案例表明,政府是公用事业的唯一股东,例如乌干达国家供水和污水公司(NWSC),突尼斯的索内德,布基纳法索的索内阿,南非的约翰内斯堡供水公司和肯尼亚的内罗毕供水和卫生公司。

招标来自客户和商界的非政府机构董事会成员,如在约翰内斯堡水务公司和 NWSC,这有助于促进商业途径和对客户需求的响应。这一结构本身并没有说明运营和管理实践。

改革主要涉及政府与公用事业之间以及资产所有者与私人承包商之间的业绩和管理合同。从图 4.4 中的启发式模型来看,表 4.2 列出了实践中模型的关键特征和实例。在某些情况下,管理合同的使用是短期的。一旦在改进系统、税收和资助穷人方面实现了周转,运营管理可以在内部带回资产持有者。

表 4.2 政府变革:水和卫生设备的新兴设施

结构和合同的类型	示例
绩效合同 ● 高级职员和所有员工的绩效目标	内罗毕供水和排水公司 埃特克维尼直辖市(德班) 突尼斯

续表

结构和合同的类型	示例
	在塞内加尔,公共资产控股公司(SONES)与私人承包商或私人运营商(SDE)签有服务提供的绩效合同。
绩效合同 ● 资产控股人和私人运营商/承包商	赞比亚、南非和乌干达(见下述文字) 乌干达政府与国家供水和排水公司签有三年的合同。该合同使得 NWSC 延迟偿债义务。 关于突尼斯和布基纳法索 内罗毕供水服务与水利和灌溉部签有管理合同,并由此与内罗毕水和排水公司签订了提供服务的协议,该公司是内罗毕委员会的全资公司。
提供服务协议	约翰内斯堡城市委员会和约翰内斯堡水务(排水和水利设施的"企业化")
管理合同	约翰内斯堡供水和 JOWAM
特许经营权合同	在塞内加尔,水利局给予 SONES 30 年的特许经营权
租赁合同	在塞内加尔,SONES 和政府都与私人运营商 SDE 签有合同。象牙海岸签有可操作的租赁合同。

资料来源:Various reading sources and Web sites.

例如,约翰内斯堡与 JOWAN 在 2001—2006 年之间的管理合同,在能力建设和改进之后又恢复了约翰内斯堡的供水。从 2002 年至 2004 年在乌干达,NWSC 与 ONDEO 服务(一家国际水运营商)签订了管理合同,之后运营和管理层恢复了 NWSC。现在,NWSC 使用内部承包商"模仿"私人运营实践。在肯尼亚、乌干达和坦桑尼亚等国家,工作人员和组织单位的绩效合同现已成为更广泛的基于绩效的管理文化(RBM)的一部分,该文化主要流向地方政府和公共部门。[①] 类似的文化在津巴布韦城市取得进展,但

---

① 参见 City of Nairobi Strategic Plan 2006—2012;Interviews with senior local government officers,Nairobi,July 2010,and Bulawayo,Gweru and Harare in December 2010。

随着 2004—2009 年的通货膨胀危机和人力外流而停滞不前。

成功的公用事业模式和改革的要素

对主要研究的回顾表明，经济和技术模型是成功的必要但不充分条件。相反，成功的公用事业模式和改革取决于"要素"的组合，特别是消除各自国家或城市地区体制和政治经济中的结构性障碍（Sansom. al, 2003; Schwartz, 2009; Suleiman&Cars, 2010）。具体而言，行动领域包括：

1. 通过与外部伙伴的联合工作、交流访问和广泛的培训计划，加强能力或使"专业知识"本地化；

2. 整个部门的体制、政治和消费者文化正在发生变化，以便为有竞争力的投资和服务营造市场条件。特莫雷（Tremolet. al, 2010）进一步揭示了卫生部门缺乏资金和政治意愿的问题；

3. 积极利用"关键时刻"（如哈雷的霍乱，2008—2009）等灾害和捐助者或国际金融机构的外部投入所带来的机会；

4. 存在"主要推动者"或"变革驱动因素"，例如以技术和政治层面的主管承诺和魅力领导的形式（Joffe. al, 2009, pp. 14—15）。

赞比亚的良好做法：基准和关键绩效指标（KPI）

无论效用模型如何，良好的信息、基准和发布常规 KPI 都是管理的一个重要方面。凭借法定的力量和利益相关方的共识，赞比亚的水和卫生监管机构 NWASCO 已经完成了十年的定期数据收集和监测，报告和计划已经在互联网上发布。编制的关键绩效指标包括水量流失、连接、覆盖、生产、计量比率、水质、供应时间、收集效率、计费和员工效率以及包括与人员相关的成本结构的关键绩效指标。

尽管该条款仍存在较大差距，而且投资依赖于捐助者，但基准和监测数据质量很高，并且只要资源可用，就可以成为有针对性的干预措施的基础。与信用评级一起，基准测试提供了信誉的佐证，这是市场融资的基础。它为改善该部门的市场融资创造了条件。此外,赞比亚的案例证实,在地方当局和公用事业部门提供公用事业支持和工具方面,尚存在未开发的"利基市场",即:地方当局和公用事业的信用评级;项目开发;基准测试和 KPI 编译和监控。

这个"利基市场"是存在重大差距的更广泛"城市指标"的延伸(Fin Mark Trust, 2010; IAB, 2010)。在美国国际援助署的支持下,先前为编制"城市指标"所做的全面努力在捐助方资金消失后失败了,主要是因为没有发生补充变化来丰富这些服务和数据的需求或当地市场。除了南非之外,既没有市场也没有私人公司来编制这些指标。同样疲软的当地市场条件似乎困扰着联合国人居署的城市观测站。需要这些观察站和城市指标,但在地方机构开始将这些作为其业务活动的一部分的因素之前,一旦捐助者消失,就很难保留。

水和卫生:非正规和社区模式

在非洲,公共部门和正规私营部门的公用事业服务,无论是个人还是合伙,都没有完全覆盖所有城市社区。小国也在提供服务方面留下了空白。由于负担不起服务成本或缺乏覆盖面而产生的这些差距由非正规和小规模或独立提供者(ISSP)、民间社会和社区部门填补(Suleiman&Cars, 2010)。在 ISSP 中有很高昂的创业精神以及与公共和私营部门密切的联系。在水和卫生方面,社区组织也是与 ISSP 高度相关的潜在所有者和服务提供者。

在罗安达,只有 25% 的人口能够获得自来水,城市、城郊定居点的贫困人口依赖于非正规供应商。水箱由油轮运往经销商,这些经销商以高达 16.90 美元/立方米的价格向家庭转售水,与正常供水系统相关的水井相比,这使得穷人最终支付的费用是水井取水的数倍(UN-Habitat, 2008, p. 146)。类似的油轮为阿克拉地区没有自来水覆盖的地区提供水,但消费者的成本是直接获取公共自来水的 10 倍(Suleiman&Cars, 2010, p. 278)。

在阿克拉，一些拥有自来水的家庭在塑料袋中装水并通过网络（如 kayayo 女孩）出售冰冷的"饮用水"来赚取收入。[1] 不受管制的私营部门经营者、个人和家庭出售瓶装水或经营油轮（其中大部分来自公共水库或管道）将水出售给那些不能享受公共系统服务的人。在非法获得这种水的情况下，这种做法导致了大量的水资源流失[2]。即使在像约翰内斯堡这样装备精良的城市，水量流失仍超过了 25%，而电力水平则为 14%。不受欢迎的预付费电表继续被视为减少无法解决服务的最佳方案。[3]

社区和侨民组织的参与

桑塞姆（Sansom）等（2003，p. 19）指出，提供基础设施和服务的社区及合作合同越来越普遍，特别是在非正规住区。例如，在城市供水服务的改革中，一个社区组织开始作为承包商在内罗毕的基贝拉贫民窟经营服务（Sansom. al, 2003），这项服务包括管理供水管道和供水亭。在内罗毕的马瑟雷这样条件恶劣的低收入地区，"社区清洁服务"已经成为一种有效的清洁公共区域和共用社区设施的方式（Thieme, 2010）；早在 20 世纪 90 年代，它就在哥拉罗安达周边地区采用了社区模式，安装、建造和管理了水管管道（Kirkwood, 1997），在维护和用户收费方面取得了积极成果。如果政府和私营部门靠自己的力量无法取得多大进展，则采用社区办法可减少劳动力和成本，并使扶贫干预措施得以实施。

在尼日利亚西南部，兰伯特（Lambert, 2009）报告了由传统地方当局协调的自助城市发展举措，这些举措依靠的是每个地区的公民及其协会的社区努力。值得注意的是，家乡协会和侨民组织

---

[1] Author field observations, Accra 2002, 2005.
[2] 流失水（UFW）不仅仅是从管网中渗漏的水，还包括在水交易活动中一些不道德的行为如敲诈、哄抬水价所造成的资金流失（Samson et al., 2003b, p. 115）。
[3] 参见 City of Johannesburg (2011) Johannesburg Infrastructure and Services Sector Plan 2011, pp. 200—203.

的集体汇款被用于公共服务、基础设施和小额信贷计划,其重要性日益增加。恢复自来水,定期供电、供水,连接电话网络以及提供保健和教育服务是尼日利亚艾热镇社区努力完成的一些关键项目(Lambert,2009)。在喀麦隆的巴厘岛,重力水项目和太平间是巴厘岛文化和发展协会(BANDECA)利用国内和国际侨民资源完成的项目之一(Mercer,Page,&Evans,2009)。雅雅(Yahya,2008)描述了信仰组织在组织社区和筹集发展资金方面的重要作用。在正在进行的内罗毕Korogocho非正式定居点的重建中,社区组织和宗教团体也成为社区、捐助者和政府之间的有效对话者。①

与拉丁美洲的参与性预算编制和城市治理相比,这个社区参与非洲城市发展的设计、融资和实施的问题没有得到那么多的研究和政策关注(Cabannes,2004)。这可能有几个原因:社区参与往往被视为公共部门失败的危机应对措施,因此,专注于这种参与将等于庆祝失败。正如摩西(Mercer)等(2009,p.151)指出的那样,社区和侨民协会完成的项目往往很小,也需要几年的时间才能完成。这种参与在很大程度上是通过不符合政府和捐助者的规范方法的非正式地理、族裔、区域和家庭结构进行的。勒曼斯科(Lemanski,2008)还指出了开普敦的社区问题:一些贫困社区"缺乏社区",缺乏专业知识。

几个世纪以来,强大的基层和社会运动一直是城市发展的一个特点。然而,它们只有在关键时刻才能发挥更好的作用,成为关键和互补的行为者,而不是替代大型城市基础设施和服务的主流提供者。

融资现场基础设施和有针对性的补贴的作用

前几节指出了与金融有关的两个关键问题,即家庭准备投资于地块上的基础设施;但是,这些投资和有竞争力的私营部门参与提供场外和现场基础设施的标记条件并不存在。这就提出了一个问

---

① 2010年7月的田野考察记录。

题,即公众和捐助者的有限程度。

资金可用于调动家庭,无论是促进需求还是支持市场的供应方;还是直接向家庭提供补贴(如南非的住房补贴);或是促进材料生产和支持信贷计划(Tremole. al, 2010)。每个方面的条件应指导何时何地进行干预和提供支持。如住房部门(Bovet, 1993),虽然全部门办法更为复杂,代价更高昂,但似乎最为有效。

但是,鉴于大多数城市居民准备投资于更好的服务和现场改进,有限的补贴可以针对更广泛的现场和场外基础设施以及硬件供应方面,如建筑材料的生产。当水泥、砖、瓦、电、木材和设备以有竞争力的价格广泛供应时,服务提供者和家庭都能更好地解决水、住房和卫生问题。将50公斤水泥袋的价格从目前的15美元降至10美元(芬兰信托基金,2010:2),再降至10美元以下,将对建筑和建筑投资产生重大影响。一项关于塞内加尔和莫桑比克水和卫生设施的研究结果表明,国家和地方条件决定了金融干预措施的成功或影响(Tremolet. al, 2010)。国家出现了一系列可能的干预措施,其中包括启动循环基金和信贷计划,通过社区动员和教育刺激需求,以及基于产出的硬件补贴,其资本成本高达75%。这种基于产出的补贴刺激了需求,也带动了私营部门的投资。

改善定价和税收作为市场融资的先决条件

人们普遍认为,公用事业的收费水平不包括运营和维护费用(Schwartz, 2009),更不用说提供急需的投资了。在大多数国家,公用事业提供商无权确定价格,这种权力由国家保留。杰夫(Joffe)等(2009)表明,业务效率大为提高。然而,NWASCO(2008)的数据证实,尽管收集效率有所提高,但资金仍被吸收到人事费中(50%),几乎没有为必要的备件和基础设施维护剩余资金。[①] 鉴于基础设施破旧不堪,所取得的成果微乎其微。在某些

---

① 除人工成本外,能耗成本是供水商的第二大成本(参见杰夫[Joffe], 2009, p.39)。

情况下,收费和用户收费非常低,因此需要对其进行紧急审查(Goz,2010)。①

关税保持不变或相对于通货膨胀的价值下降,这两者总是不受消费者和政治家的欢迎。然而,改善税收和确定有竞争力的价格仍然是改革新的城市发展和公用事业管理水平的核心。但是,专业人士(例如工程师)、工会和政治家之间存在固有的体制和政治惰性,这是制定经济关税和进行广泛改革的主要障碍。例如,在加纳,工会和民间组织的联盟成功地动员起来,以阻止私有化,并争取"权利意识"的水供应(Suleiman&Cars,2010)。联合国人居署(2010)指出,在约翰内斯堡,类似的以权利为基础的供水和供电方法的长期斗争最终在宪法法院被终结。②

专栏 4.3　乌干达：设置和维护

公共服务设施实际价格水平从 1994 年到 2000 年期间,乌干达国家污水处理公司的关税收费仍未改变,导致征税实际价值下降 55%。自 2002 年起,支持国家污水处理公司改革已经是政治承诺的一部分,政府支持把每年的关税指数与国内消费指数、汇率、国外价格指数和电子关税关联起来。

尽管专栏 4.3 和 WSP(2009)描绘了一幅积极的政治支持图景,但来自该领域的其他信息往往相互矛盾。例如,乌干达的 NWSC 受到借款限制。杰夫(Joffe)等(2009,p.23)指出"公司的信贷政策不允许因不支付供水服务而中断,从而直接影响经营业绩和总体流动性"。杰夫(Joffe)等(2009)声称,乌干达的 NWSC 和内罗毕市供水和污水公司(NCWSC)的政治干预和官僚机构破坏

---

① 对不同城市的供水、供电等数据进行一个综合的整理和分析。
② 参见 archives of legal cases on BASIC Services, including the famous Phiri residents or Mazibuko and Others v City of Johannesburg and Others at Centre for Applied Legal Studies (CALS), Wits Law School On-Line: http://web.wits.ac.za/Academic/CLM/Law/CALS/.

了相关的供水设施的运营、全面商业化和私有化,尽管监管框架在明面上似乎是健全的。在哈雷和约翰内斯堡的水电中断政策并不是大多数其他城市供应的特点。

实际定价和关税:水和污水部门

从理论上讲,服务价格的确定应设法支付提供服务的费用。生产成本可以包括资本投资和运营成本,价格是根据增量成本确定的。在实践中,按经济、财务和会计术语计算边际成本是复杂的,导致价格远远高于大多数人的可承受水平。因此,定价在很大程度上是基于政治和社会考虑,而不仅仅是基于财务会计和经济计算。我们用水和污水关税的例子来突出当前做法的模式和特点。这一做法以多部分或分层的关税结构为主,对不同消费群体和消费水平所使用和适用的服务单元组合规定了不同的价格。

塞内加尔具有典型的分层关税结构(肯尼亚和布基纳法索也存在这种结构的差异),其主要特征是社会部分和阻碍部分(表4.3)。社会"部分"相当于"生命线"区块定价,即由于分配和社会原因,基本服务(水、电)的价格低于成本,即确保人人都能获得基本消费所需的最低数额。①

表4.3　2008年塞内加尔水费阶梯价格

	消耗(立方)	价格(CFA/立方)
优惠价	0—20	191.3
全价	21—40	629.9
浮动价	>40	788.7

资料来源:Joffe, M., Hoffman, R., & Brown, M. (2008). *African water utilities: Regional comparative utility creditworthiness assessment report* (Revised 2009).

---

① "生命线(Life-line)"定价机制是一种基于权力的供水机制。

由国家确定关税并提供资产融资。它还向政府实体收取款项,而提高关税的权利属于水务部长。虽然有值得称赞的社会和威慑部分,但没有明确的通货膨胀指数,使这一关税更可持续。布基纳法索也有封堵关税的做法,但该国对同样水量的水的收费比塞内加尔更高(表 4.4)。

表 4.4　2008 年布基纳法索水费阶梯价格

消费(立方)	价格(CFA/立方)
0—8	188
9—15	430
16—30	509
>30	1040

资料来源:Joffe et al. (2008).

布基纳法索每五年进行一次关税审查。但是,国际能源机构缺乏制定关税的财政自主权,只能提出建议供部长理事会审议(Joffe. al,2009,p. 17)。不同的关税适用于基于不同消费的群体,消费较大者补贴消费较小者,较大的中心补贴较小的中心。然而,尚不清楚的是,同样的关税是否适用于商业、住宅、工业部门和公共机构。

在内罗毕,消费者群体的差距更为明显,全国供水委员会被迫降低其水费,低于政府的收费。在没有安装水表的情况下,政府计划每月收取 200 肯尼亚先令的统一费用,而全国水文中心则收取 120 肯尼亚先令的统一费用。政府计划向私人摊贩收取大宗水费,补贴统一费率为 15 肯尼亚先令/立方米,而全国供水中心则为 10 肯尼亚先令/立方米。学校有单独的收费系统,计量连接也有变化,从 10 立方米的"生命线"供应开始,政府计划的统一收费标准是 200 肯尼亚先令,而全国供水中心是 50 肯尼亚先令。这些生命线(前 10 立方米)的关税是以整笔收费来支付的,即使消费者的使用量大大低于 10 立方米(Joffe. al,2009,p. 19)。在 10 立方米和

300立方米之间,政府计划中还包含五个税目,而全国供水中心在10立方米和60立方米之间仅有三个税目。

与塞内加尔和布基纳法索相比,肯尼亚的关税制度更为复杂。杰夫(Joffe)等(2009,p.20)的报告说,2008年的关税平均需要至少提高75%才能达到可持续水平。此外,关税没有指数化,而且在2008年之前的10年里没有变化。

正如专栏4.3所强调的,邻国乌干达已纳入通胀指数。它的关税基于的是不同的社会经济消费群体,而不仅仅是消费数量。表4.5显示,工业关税对消费数量的反应更强,但与塞内加尔不同的是,没有明确使用"阻碍"。其他类别的固定关税没有阻碍因素,助长了浪费的恶习。政府制定政策和确定关税,NWSC政策不允许因不支付水费而中断供水。

表4.5　乌干达水和卫生设备以客户群体为基础的价格

客户群体	每立方的价格(UShs/立方)
公共管柱	688
住宅/国内	1064
机构/政府	1310
工业/商业	
0—300 m³/月	1716
501—1500 m³/月	1716
>1500 m³/月	1496

资料来源:Joffe et al.(2008).

突尼斯的情况也是如此,在突尼斯,水资源部每五年修订两次关税,并在全国统一适用关税。关税结构有一个固定的和可变的部分组成,与消费量成正比(表4.6)。第一等级的0—20立方米季度消费是向低收入家庭每人每天提供40升,并向他们提供30%的供应费用补贴。

表 4.6 突尼斯水和卫生的固定和可变价格

消费(立方)	价格(TD/立方)
0—20	0.14
21—40	0.24
41—70	0.30
71—150	0.55
>151	0.84

资料来源：Joffe et al. (2008).

显然，服务的定价有很大的差异，具体如下：固定结构和可变结构、"生命线"基本区块、通货膨胀指数、按社会经济群体划分的等级以及所消费的服务数量。各国的政治和社会考虑以及发展状况似乎决定了水和卫生服务的价格。电力部门也适用类似的原则和模式。

增加地方当局和城市公用事业获取资金的机会

资金缺口

以上各节揭示了城市发展中的资金缺口，即地方当局和公用事业服务提供者依赖不可靠的中央政府拨款，而且这种转让不足以资助新的基本建设项目或对破旧的基础设施进行必要的翻修（见图 4.2）。其次，即使在业务业绩得到改善已记录盈余收入的地方，这种收入也被工资和其他经常性支出"吞噬"，资本投资几乎没有剩余。[1]

本节考虑了当地市场情况以及地方当局和公用事业从当地银行和信贷机构筹集贷款的程度，强化了这样一种观点，即捐助者的资金可以而且应该被用作一种催化剂，以利用市场融资，并刺激更

---

[1] 参见本书津巴布韦案例和本章第一部分。

广泛的全部门改革,使地方有竞争力的市场得以增长。该节提出了市场融资要成为现实必须满足的已经提到的先决条件。这些措施包括:减少政治风险,鼓励为业务经理提供独立性的中心-地方关系;政府在乌干达的债务对权益的支持;改革和跟踪业绩改善的记录;信誉;业务盈余;地方能力和"专业知识";消费者意识和选择。

为城市公用事业筹集当地市场资金

研究一致认为,建立良好的管理制度和商业计划、人力和技能的提高、改进的治理结构、业绩和管理合同的基准以及政府近年来对改革的承诺,都是利用当地市场融资的好兆头。由 WSP(2009,p.22)调查的 14 家供水和污水设施中,包括肯尼亚(内罗毕)、乌干达(坎帕拉)、突尼斯、塞内加尔、布基纳法索和南非(约翰内斯堡和德班),80%的业务可通过收入支付费用,而 50%以上的业务产生盈余。所取得的成功在很大程度上取决于使用管理和业绩合同来应对当地的挑战。WSP(2009,p.18)指出,塞内加尔的特许权、租赁和履约合同安排已导致业务业绩的改善,关税转向成本回收水平,同时维持一项确保穷人负担得起的社会政策。这些改善和稳定的条件成功地调动了当地市场资源:

1. 1998 年,花旗银行和西非银行(CBAO)在六年内提供了 2410 万美元的信贷额度,利率为 9.75%,这是一项结构化安排,设有一个债务服务代管账户,相互取决于捐助方的供资是否有效;

2. 在成功获得花旗银行/CBAO 信贷额度之后,CBAO 直接向塞内加尔国家民主协会(SONES)[①]提供了 700 万美元的贷款,用于一项设计和建设融资合同,非洲西部开发银行向该合同提供了 1600 万美元的额外贷款。非洲发展银行(BOAD)向政府提供了担保和安慰函,以涵盖政治风险(WSP,2009,p.18)。

同样,约翰内斯堡的条件改善使其市政府能够从当地市场,主

---

① 一个中央控股 99%,地方控股 0.5%的国有企业。

要是从南部非洲发展银行(DBSA),以及通过发行市政债券来获得资金。初始债券由美国国际发展信贷管理局(DCA)和国际金融公司(IFC)的市政基金担保。然而,随后的债券发行并没有这些担保。自2004年以来,已经发行了价值约20亿兰特的债券,为一系列基础设施建设提供了资金。

约翰内斯堡市政府和塞内加尔水务公司从当地市场筹集资金的成功,不仅取决于改革和使用管理合同所带来的运营业绩的改善,而且取决于其他几个因素:包括广泛和充满活力的银行和信贷机构、人均收入相对较高的大型经济体(FinMark Trust,2010)和一个支持性的法定框架。在南非,法律/法定制度允许地方当局借贷。此外,WSP(2009,p.29)报告称,南非的市政财政得益于政府的财政宪章:

所有的银行和金融机构都自愿与政府达成了一项为期五年的230亿雷亚尔的市政基础设施投资目标。

这使得金融机构有必要寻找这一部门的市场,并以竞争条件刺激商业增长。

财务管理改善以确保长期国内市场贷款,这得益于有竞争力的信用评级行业的存在,惠誉和穆迪等公司在南部非洲发挥了重要作用(WSP,2009,p.29)。

因此,这些战略及其影响取决于地方当局运作的背景。竞争性市场的存在也是一个重要方面,多边机构和捐助者可在其中发挥催化作用,捐助方和改革所产生的影响和取得的进展各不相同。与南非和塞内加尔不同的是,乌干达的国家供水和污水公司(NWSC)的改革改善了业绩和信誉,但并没有利用市场融资。这不仅反映了NWSC内部改革的弱点,也是该国银行和信贷机构状况不佳的结果。与邻国肯尼亚和坦桑尼亚相比,乌干达的银行和信贷机构有限,与塞内加尔、南非、津巴布韦、突尼斯、埃及和塞内加尔等其他国家相比也是如此。

乌干达有限的金融基础设施也反映了法律上的限制,即使在地方当局和服务提供商表现良好的情况下,也很难借款。WSP

(2009)也得出结论,布基纳法索的供水商——ONEA,已经进行了效果显著的改革并实现了成功的运营,使其成为非洲表现最好的国家之一。但低人均收入和财政部的监管框架限制了国有企业的借贷。值得注意的是,在所有这些情况下,政府为与管理合同一致或以管理合同和成功业绩为前提的资本投资提供了担保。

当地的条件也影响到可以借贷的金额(WPS, pp. 8—9, 33—34),但总的来说,地方政府和公用事业提供商的借贷受到严格限制(表 4.7)。

表 4.7 非洲因提供服务而从市场进行的借贷

服务提供国	从市场借贷的状态
ONEA,布基纳法索	还款期超过一年及超过 CFA 一亿的借贷受限。
NCWSC,肯尼亚	内罗毕市水和排水系统。该公司寻找大量资金之前需要部长签字。
SONEDE,突尼斯	该公司在招募员工和签署任何新债务方面需要部长批准。资本支出很大程度上依赖于政府和捐助者。
NWSC,乌干达	借贷受限制,资本支出很大程度上依赖于政府。

资料来源:Joffe et al. (2008).

国家以下各级或地方当局获得贷款有其自身的风险。例如,在经济繁荣时期,可作为抵押品质的资产价值会升值;在危机情况下,价格可能会下跌,这可能导致巨大的债务压力。对于这一时期的危机局势,没有任何可靠的解决办法。但扩大和加强与土地有关的担保以及不断改善税收很可能是减少风险的好办法。

动员捐助者为城市发展提供市场资金

我们已经注意到捐助者和多边机构在住房、水和卫生部门的重要作用。预计这种捐助资金必须创造性地用于支持全部门的改革(UN-Habitat,2008,pp. 148—149)。改革使市场得以增长或作为更广泛的一揽子金融计划的一部分提供帮助,该计划利用私营部门的贷款,并通过旨在释放市场潜力或消除经济瓶颈的产出补贴促进市场(Bovet,1993)。

然而,一些捐助者在非洲的干预行动的负面记录表明,只要使用市场融资,利益相关者(包括消费者)就应更多地参与市场改革和战略。当地的诚信经纪人,如专家中心、地区专业网络和大学研究单位(WSP,2009,p.11)在这些过程中都可以发挥作用。联合国开发计划署在土地部门担任经纪人,而在城市管理部门,在当地能力薄弱或存在腐败问题的地方,联合国人居署被各种资助者委托担任经纪人和项目经理。

从联合国人居署最近的干预措施中得到的说明很好地作出了解释:

1. 联合国人居署利用世界银行和城市联盟提供的36万美元资金,与马里政府和马里市政当局全国协会签订了合同,以支持其制定一项关于改善和预防贫民窟的国家方案,该方案包括采取行动、查明和调动公共和私人投资、改善贫民窟、建设国家和地方当局的能力以及记录和传播经验教训、研讨最佳做法;[①]

2. 尼日利亚的纳萨拉瓦州拥有超过50万美元的资金,寻求联合国人居署的专门知识,帮助该州的四个城市(Lafia, Doma, Karu&Keffi)进行战略规划和管理,重点是能力建设。[②]

在马里,捐助者的资助有一个内在的未来主义方法,以扩大地方和其他筹资机会。在那撒拉瓦(Nasarawa)一案中,州政治家(州长等)意识到这些区域城市中心的能力有限,并努力确保有效和可持续地利用资源,应促进这种专门知识的使用和经验的交流,特别

---

① 马里城市无贫民窟计划"Formulation of a City without Slum Program for Mali," IMISBAC, 2008 - FCL - 2030 - C222 - 2833 联合国人居署内罗毕,2008。由非洲与阿拉伯国家区域办公室负责落实(ROAAS),联合国人居署(联合国人居署)。

② 尼日利亚沙拉瓦尔州四城发展规划"Preparation of Structure Plans for Four Urban Areas in Nasarawa l State, Nigeria," IMIS BAC 2008 - QXB - 2030 - C231 - 2833 U 联合国人居署内罗毕,2009。由非洲与阿拉伯国家区域办公室负责落实(ROAAS),联合国人居署(联合国人居署)。

是在非洲的情况下。在非洲,那些引导"转变"方案的机构可以被其他愿意学习的机构聘用为顾问或承包商。① 捐助者的资金可以促进这种以知识为基础的干预。

许多非洲国家的政府都渴望改善为本国人民提供的服务条件,但一些国家仍然背负着债务。然而,即使在这些已经确立了政治意愿和信任的情况下,偿还债务也可以用来换取对重要的地方政府基础设施的投资。在内罗毕,意大利政府接受了这样一种"交换",将资金用于考拉哥图贫民窟的重建和改善。②

如专栏 4.4 所示,在南非对津巴布韦的援助下,南南援助与南北援助同样重要。南非对 Harare 基础设施的重建提供了后续支持,2011 年拨款 400 万雷亚尔帮助布拉瓦约市发展水和废物基础设施总体规划(New Zimbabwe,2011)。

专栏 4.4　南南援助和哈拉雷的显著好转

津巴布韦从 2000 年开始的经济衰退,还有 2008 年的超级通货膨胀使政府预算和收入都陷入窘境,迫使机构会计或财政系统裁员。也推迟了需要向哈拉雷城市区域(包括如瓦、诺腾和赤屯支唯亚卫星镇)增加供水的昆兹为大坝项目,基于 2010 年修改过的数据,预估该项目需要花费 3.7 亿美元。饮水和公共卫生设施的崩溃导致了 2008 年到 2009 年的霍乱危机,迫使捐助者采取行动。

从 2009 年起,政府分发了来自南非 1710 万美元的补助金,用来改善哈拉雷饮水和污水处理设施。该项目主要用来增加供水量,减少水流失,以及收集和处理污水。截至 2010 年 1 月,30 千米的管道已经完成铺设,替换了新的阀门和泵。

---

① 乌干达国家供水和排污公司似乎在这方面起着顾问的作用。
② 联合国人居署,内罗毕,2008b。由非洲与阿拉伯国家区域办公室落实(ROAAS)。资助非洲城市创新和发货在哪伙伴关系。德班,南非:英国拉夫堡大学水利工程发展中心(WEDC)。

围绕"摇钱树":津巴布韦的水资源账户和资本发展辩论

为了履行向居民提供服务的法定任务,地方当局将资金从产生盈余的账户(如费率账户、水[津巴布韦]和电力[南非])转移到需要支助的人手中。图 4.6 显示了布拉瓦约市的主要收入来源,其中水产生了地方当局收入的 40% 至 60%。

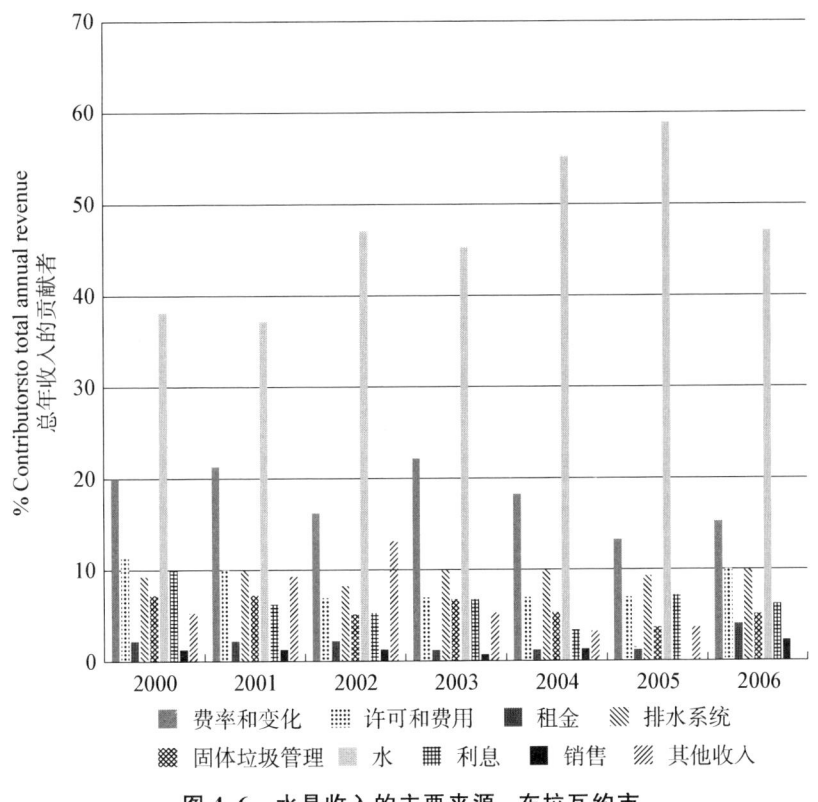

图 4.6 水是收入的主要来源:布拉瓦约市

津巴布韦布拉瓦约的经审计账目显示,供水和污水处理占地方当局收入的 40% 以上,占总支出的不到 15%。但是,供水和污水处理服务产生的收入超过 65% 转移到其他服务。健康、教育和社会福利是服务的例子,这些服务不会产生很多自己的收入,而是依赖于水和费率账户的大量补贴。新出现的问题是，考虑到为该部门的维护工作提供资金的迫切需要，是否可以持续转移水和污水处理账户的大笔收入。同样的论点可以扩展到费率账户，其中过时的估价卷和不良信息系统要求投资地理信息系统（GIS）和管理信息系统（MIS），以及招聘和留住有能力的规划者、估价师和工程师。此类投资将扩大覆盖范围并提高土地收入的效率。

在赞比亚，经过十年的水资源管理，水账户完全被围起来，水账户的交叉转移不再存在。这迫使其他服务部门更有效地使用他们拥有的少量服务。但是，鉴于所需的大笔金额，总收益是有限的。在水行业，环保还没有足够的资金来支持资本投资。在伊特科维尼市（Etekwini）（德班）研究类似方法的布拉瓦约市官员认为，围栏取得了更好的结果，主要是因为该城市相对于赞比亚的城市拥有更广泛的经济和制度基础。与此同时，约翰内斯堡水务公司建立了一个类似于津巴布韦城市的成功系统，水资源收入补贴其他服务。那么，前进的方向呢？

对于布拉瓦约和津巴布韦的城市来说，前进的方向通常可以介于以下几个方面：

（1）水、污水和费率收入分配给其他服务或部门的最高限额，例如，商定期间的40％，以允许这些关键部门产生的部分收入用于增加资本投资、管理和人力改善；

（2）限制转移必须有时间限制，以鼓励提高生产力，并可根据绩效向上或向下修改。改善基础设施可能会扩大并巩固这些部门的总收入基础，而转移到其他服务的总额将出现正增长，即使转移百分比仍然受到限制。与赞比亚一样，限制将刺激创新，以便在其他领域（健康、教育、福利）有效提供服务。地方当局将把政府和捐助者的资助重点放在收入能力有限的部门；

（3）鉴于最初的巨额投资要求，可能需要政府对债务融资的担保或管理合同或特许权等进行特别安排来吸引私人投资。

结论：加强对城市发展融资的全面干预。

联合国人居署（2008，2010）正确地强调，城市贫困和贫民窟的持续问题主要是由于城市经济和住房融资薄弱，即使在莫桑比克、坦桑尼亚、马拉维和加纳等国家，治理问责制和国民经济也是如此。多年来增长一直是积极的。本章认为，单独筹集所需城市发展融资的工具和计划不会产生可持续的结果。相反，它们需要成为加强城市经济的更广泛计划的一部分（Tibaijuka，2009）。正如正在进行的世界银行和联合国人居署报告所述，在解决城市经济问题时，更广泛的计划需要：

鼓励和创造有利于家庭和私营部门投资的条件；

研究所的措施旨在改善土地信息的可获得性和获取，保有权保障，合同管理和争议解决，巩固法治和问责制以及政治稳定的成果，以促进降低投资成本和最终的服务价格；

基于全面的基准测试和持续的 KPI 开发和监控，促进基于结果的管理和战略投资。

从整体上看，城市发展有助于理解土地在这一过程中的核心作用，以及这个城市子系统的延迟、瓶颈和低效率如何破坏其他地方服务融资可能带来的创新。本章强调了这一联系，尤其是与阿克拉（Suleiman&Cars，2010）和达累斯萨拉姆（Briggs&Mwamfupe，2000；Kjellen，2006）等城市的快速实体扩张有关。无论公用事业的模式如何，人口密度的增加都会提供服务和基础设施的能力（参见 Tremolet. al，2010）。类似的挑战也削弱了卢萨卡自来水公司为扩大城郊定居点的水和卫生设施覆盖范围所做的值得赞扬的努力（NWASCO，2008，p. 7）。

本章后半部分的讨论与公用事业管理挂钩，因为无论组织是公共还是私人，它都是实现信誉的重要一步，它支持市场融资。最初的性能改进已经实现了"转向"和公共事业运营的稳定性，其中引入了 PSP 和商业化。然而，矛盾的政治意愿（Suleiman&Cars，2010，p. 279），有限的专业知识和消费者贫困使公共事业受到经济冲击的影响，并削弱了部分收益。这些结构性条件破坏了"起飞"到可持续的"更高层次的均衡"（Schwartz，2009，p. 411）。正如欧乌苏（Owusu，2006）所声称的那样，从长远来看，只有透明地方驱动和政治敏感的举措才能为非洲城市带来可持续的私有化。完全缺乏可靠的数据是城市发展金融部门的一个显著弱点：卡米乌（Komives）等感到悲伤。（2005）和特莫雷（Tremolet）等。（2010）供水和电力，以及联合国人居署（2008），IAB（2010）和凡-马克-塔斯特（Fin Mark Trust）（2010）的土地信息，城市经济数据，住房融资和抵押贷款数据。正如联合国人居署（2008，2010）报告所揭示的那样，中非和西非一些国家的城市数据不可用和无法进入是最严重的。东非和南非的可用性更好，但可访问性仍然不完整。即使在东非和南部非洲，关于土地估价和资产登记的数据也是过时的，覆盖率低且无法获取。需要共同努力促进合作方式，以改善行政记录以及城市数据的可用性和获取（IAB，2010）。

政府或公共部门是水和电的巨大消费者。它是一个主要的城市地主和租户、主要雇主，也是城市废物的生产者。地方当局和其他公用事业服务提供者的资金缺口部分来自政府的失败，拒绝或无法支付租金和公用事业费。因此，成功收回逾期账单并维持政府和公共机构的支付合规，这是缩小现有财务缺口并为公用事业和地方当局创造市场融资条件的重要的第一步。与此相关的是"管辖权冲突"和没有资金的授权问题，地方当局和服务提供者履行中央政府的职能，承担自己收入的成本，而不从中央政府获得相应的收入或补偿（UN-Habitat，2008，p. 158）。

随着机构文化的变化，布基纳法索、乌干达、赞比亚和南非的水管理经验表明，中央或地方政府全资拥有的公用事业和服务提供商可以像私营部门运营商一样有效运作，并可以从当地市场调动资源。法律框架允许并吸引大量外国投资。最重要的是，他们设法扭转局面，注册运营盈余，恢复消费者信心，并实施"基于权利"的服务，满足城市社会贫困阶层的需求。

最后一节试图强调，即使在津巴布韦等危机出现的情况下，也能吸取到教训，例如关键部门有针对性的融资的作用，处理拖欠关税的创新，从当地来源增加最大收入以及围绕盈余创收服务的选择。提高行业的信誉度有可能吸引急需的市场融资，需要通过国家和地区公用事业支持工具支持城市层面的举措,例如地方当局的信用评级、项目开发和全面的城市指标计划。

附录 1:公共事业私有化结构

表 4.8　公共事业私有化结构:公共—私有统一体

结构	简介
政府机关	政府的行政单位。包含市政供水系统(当地)及政府或国家的公共设施(区域或超地方性,在运营过程可能越来越商业化,比如通过对机构官员、收取税款和测量进行以绩效为基础的奖励)。
半国营集团	水利管理机构、集团,当局或由公法管理的信托基金。
国营集团	间接国营管理: 所有权为国有,但独立行事。受企业法制约。旨在企业化/商业化。公共供水有限公司包含在内。
服务合同	委托私人管理: 由私人实体来执行指定服务的合同。
管理合同	政府付款给私营运营商,由他们来管理设施,政府承担运营风险。
租赁合同	私营运营商付款给政府以获得管理设施并承担相应风险。
特许权	全权特许权指私营运营商在指定时期内运营供水系统,也承担在此期间的投资和运营风险;部分特许权包含各种形式的建立-运营-可转让的协议。
剥离或部分私有化	直接私营管理: 私营股份制企业(政府规定的)。政府将国有企业的部分实体转让给私营企业(运营和机构投资者)。私人股权指或不指对设施的私营管理。
剥离或全部私有化(NWSC,乌干达)	私营公共事业(政府规定的)。全部资产由私人拥有。借贷受限制,资本支出很大程度上依赖于政府。

资料来源:Adopted from Kjellen(2006);WSP(2009);Tremolet et al(2010)。

第五章

非洲城市中临时安置点的改造

所罗门·穆卢盖塔（Solomon Mulugeta）

背景

众所周知，像食物、水和衣物一样，住房也是人类最基本的需要之一。因此，有住房条件不是一种特殊权力而是一种基本权利。事实上，住房权与经济、社会、文化权利一起构成了人类完整的基本权利体系，同时这些基本权利也被联合国中很多国家所认可。在1948年《世界人权宣言》（UDHR）有如下规定：

> 人人有权享受为维持他本人和家属的健康和福利所需的生活水准，包括食物、衣着、住房、医疗和必要的社会服务；在遭到失业、疾病、残废、守寡、衰老或在其他不能控制的情况下丧失谋生能力时，有权享受保障。

《世界人权宣言》证实了这样一个事实，即在世界中的一些国家在1948年以前就把住房达标作为人类的一种基本权利。然而，在一定程度上由于宣言的大多数签字国既没有足够实力，又缺乏恰当的政策，从而导致几十年中世界范围内超过十亿人缺乏住房。解决当下问题的主要方式是：在世界范围内，为像住在平民窟和违章住宅内的每一个没有足够好的住房条件的人提供较大的临时安置点。此外,大约 1 亿缺乏足够居住条件的人处于居无定所、无家可归的境地。

世界范围内,居住在贫民窟和违章建筑内的城市居民绝大多数是来自发展中国家的外来人口。例如在 2001 年,在世界范围内有超出 9.23 亿的人居住在临时安置点,而他们中有大约 98% 的人居住在第三世界国家。同年,接近 72% 的撒哈拉以南非洲城市居民居住在临时安置点。相比较来说,大约 43.1% 的亚太区城市居民和 32% 拉丁美洲城市居民居住在类似的安置点,但是只有仅仅 9.6% 来自转型经济国家的城市居民和 5% 来自发达经济国家的城市居民是居住在同样条件的临时安置点(Tannerfeldt&Ljung,2008;UN-Habitat,2005)。

这一章节主要目的是探索在发展中国家,这一临时安置点的形成、起源、综合特征和发展趋向,同时针对不同种类的利益攸关方,了解在他们有序的都市生活中如何采取措施来缓解这一问题。更多专业研究是想要尝试着提供一些在非洲临时安置点适量的特征和在非洲临时安置点居住的人的城市生活质量所面临的威胁。城市临时安置点和农村居民点之间的关系,这些安置点升级改造的益处和模式也将同时被研究。为了完成这些目标,这一章将分成五部分,第一部分将展示总体背景和解决临时安置点如何被定义的问题。在第二个部分中,介绍撒哈拉以南非洲城市的临时安置点里的居民生活质量特征,在目前被当作特殊重点案例来关注研究。在第三个部分中,研究探讨的主要是目前情况下,非洲城市贫民窟和违章居住点不断增加的根源是什么。在第四个部分中,主要讲前文被讨论的居住点改进的模式和它们因什么而仍被需要。在第五部分中,进行最后的评价和结论。

临时安置点的定义

"临时安置点""贫民窟""违章住宅点""棚户区和窝棚"这些术语被许多学者替换使用。安置点居民或多或少具有相似的身体特征和社会经济条件,这一原因已经导致许多作家在写文章中相互替换使用这些术语。事实上,绝大多数安置点位于贫穷肮脏的环境里,以破旧和居住密集作为典型特征。大多数调查案例中,这一安置点中居民大多数属于社会底层人员,他们居住在高密度、极端不卫生的条件里。

这些术语的交替使用无疑会导致这些既有相似特征又有明显不同的安置点之间产生歧义。2000年马托伏(Matovu)评论称:这些歧义相当大,已经上升到政策含义的高度。与此相联系的,马托伏增加更多术语,如"城市低收入安置点",且声明如下:

> 对这些安置点术语的定义要依据政府的大政策来制定,政府对这些形成中安置点的反应,无论是宽容对待还是严肃对待,要视安置点里居民的认知状态来确定。[1]

被马托伏提到的,对其国家政策含义具有很大误解相关性的两个术语是"贫民窟"和"违章居住点"。"贫民窟"这一术语已经被广泛使用作为描述城内和城外的违章居住点,与此接近的另外一个含义是描述破烂的房屋或者城市里需要削减的建筑。另一术语"违章居住点"事实上暗含着它建在违法用地上或者大多数房屋质量不过关。

城市土地的违法占据是指从个人或小集团超过规定日期胡乱占据土地到大规模、高度组织化和行动迅速侵占地城市土地的行为。后者有一个具体案例,发生在1981年阿根廷首都布宜诺斯艾利斯,大约2万人侵占了211公顷的私人闲置土地,这些土地就在这一城市的外围(Hardoy&Satterthwaite,1995)。还有更多的案例,比如在政策上或在城市居住土地上建设临时安置建筑的实际情况中,一些人既侵犯私人土地又侵犯公共土地,这两类存在显著

---

[1] www.unhabitat.org/pmss/getElectronicVersin.aspx? Nr = 2332&... Accessed October2010.

区别。临时安置点的建设通常发生在夜幕降临中,而且由亲戚朋友协助完成。

由于过度拥挤、较差的条件或者长时间消极对待和欠修理导致一个条件较好或者法律条件完备的居住点变成贫民窟。更进一步说,在城市扩展并且归并一些贫民窟之前,这些在非洲与主要城市一起构成完整部分的贫民窟往往处于偏僻的农村社区或乡村中。这意味着违章居住点往往大范围地转变成贫民窟,而所有的贫民窟却缺乏转变成违章居住点的条件。

尽管据说"当人们看到贫民窟的时候,都知道是贫民窟,但是却不是一个普遍的认同关于建设一个什么样子的贫民窟"。像乌干达媒体确切地评论道,由于贫民窟在一个地方或许是足够好的居住点,而在另外一个地方却是问题成堆、影响市容之地,因此它也使国家和城市变得特殊。不考虑现实情况,以研究为目的,联合国居住署提出的一个有效性的定义已经被采用了。根据这个有效性定义。贫民窟是一个缺乏一个或多个下列条件的居住点:

1. 对于家庭成员尤其是妇女和儿童来说,在没有尽自己最大努力的前提下,以一个可以负担得起的价格就可得到足够家庭使用的饮用水。

2. 既要在私人厕所方面,也要在能够为合理数量人提供使用的公共厕所方面,提高卫生服务系统建设。

3. 不动产的安全要通过下列方式来确认:

1)有一张能够证明不动产处于安全状态的证明文件。

2)实际上,能够防止被强制收回的保证。

4. 建筑结构和耐用性能够保护居住者,对雨、热、冷、潮湿等气候条件有基本防护性。

5. 要有不能超过两个人分享一个房间的居住空间来满足居民居住。

对贫民窟的定义表明贫民窟是作为撒哈拉以南非洲主要城市

的大部分居住地区的一个基本组成部分。在前几年,学者已经开始增加使用"临时安置点"来定义两种类型的安置点了,相比较而言,使用"squatter"和"slum"这两个词能够有效降低在政治和社会方面的贬低程度。

"违法安置点"这个术语总是能够使人联想起贫穷、肮脏、违法这些含义来。相类似的,在全世界范围内,不同种类的术语也被关联使用到同一种类的安置点上面去,其中包括较为流行的比如"favela(巴西棚户区)""barrios(美国城镇中西班牙语棚户区)""shanty town(欧洲棚户区)""bustee(印度贫民窟)""skid row(洛杉矶棚户区)"和"ghetto(犹太籍贫民区)",这些术语也与消极联系在一起。这个术语"slum(贫民窟)"实际上是比其他术语更具有贬低性质,因为它清晰地指代居住区的边缘化和拥堵化,而且那样的居住区往往犯罪率较高,包括大量的卖淫和高频率的凶杀案。

不难理解,违章区和贫民窟社区往往都反对这些术语,因为术语的消极含义或许最终会导致临近地区因为担心坏影响而要求将其剔除。尽管这个术语——"informal settlement(临时安置点)",并不全代表消极的含义,事实上截至现在,学者都拿不出一个政治正确或者说得过去的术语来描述此种类型的安置点。基于这种基本理解,在学术上,这个"informal settlement(临时安置点)"的术语往往暗含有贫民窟和违章居住点这种含义。

临时安置点的特征

全世界的临时安置点往往呈现出一些相类似的固有特征。他们是以城市贫民作为主导居民,在正常经济活动中他们中的大多数缺乏能够获得高收入和稳定工作的技能。他们所赚取的收入非常低,而且不稳定,往往是来自刚刚能够糊口的非常规经济活动中。此外在通常的房屋租赁处,他们没办法找到可以负担得起的房源。

大量个人违法占据城市空地建设临时安置点的时候，违法安置点通常会如雨后春笋般建起来。一个例外的情况出现在埃塞俄比亚首都亚的斯亚贝巴，在长达二十多年马克思主义统治时期里，城市房屋市场的功能由于被严重干扰而失效，尤其是 20 世纪 70 到 80 年代，大量中产阶级房屋持有者为了住房不得不求乞于违法占房者。

在世界范围内，违章房屋往往为物主占有。然而，"贫民窟房东"也被常常提及。有一些人专门建立窝棚提供给那些需要临时居住却付不起正规租房所需费用的人。"贫民窟房东"也常被称为"在外地主"，他们是通常既是政府高级办公人员，也是当地的房屋商人。

临时安置点的其他共同特征是通常位于主要城市的外围地区。更多共同点是它们往往出现在距离城市中心区 10 公里处，通常作为一个主要城市的附属物。在其他一些城市案例中，它们处于距离城市较远的地区，与主城有清晰明了的分离界限。例如，在津巴布韦哈拉雷这个城市案例当中，这个处于城市之外发展的临时安置点估计有 25 万人，且这个安置点距离主城中心区大约 12 公里。

位于城市外围的安置点主要由于政府管理不善或者不合时宜的法律和规章制度，推动了城市土地价格远远高于中产阶级的收入水平。

然而，在土地收归国有的国家里比在允许土地自由买卖的国家里，土地被违章者侵占的可能性更大。例如，在 1975 年 7 月所有城市用地国有化之前，亚的斯亚贝巴的违章侵地几乎是不可能的。[①] 几乎所有的私人土地主足够警惕地将违章者从自己土地上驱逐出去。或多或少是相似的风尚，各种各样的公共和宗教机构也制定一些机制来阻止违章者对土地财产的侵占。

---

① 亚的斯亚贝巴市内几乎所有贫民窟的来源都是比较合法的，因为这些贫民窟是由合法业主建造而成；这些业主为了满足该市低收入者的住房需求，建造了很多类似贫民窟的不合格出租住房。

所有城市土地国有化无意中抛开保护城市土地不被非法侵占的机制。这种做法,为侵占者侵占全城空余土地提供了一个广阔的机会。因此,由于私人土地主的土地被剥离、严重的房屋短缺、所有出租土地的国有化等一系列原因的影响,亚的斯亚贝巴居住在临时安置点的估算人口在1975年到1990年间急速上升了接近15%。

尽管临时安置点在内城像雨后春笋般发展起来,但它们仍然将自己的位置定位到城市郊区,因为郊区既可以为以后使用保留土地,又可以为不适合的房屋或者其他发展行为等预留发展空间。可是,这些处于边缘地位的郊区却通常位于诸如被修筑铁路占据的空地,有山崩危险的陡崖、山谷底,废弃的采石场以及有水患威胁的平原。在一些城市案例中,主要由于历史原因,内城贫民窟或许占据城市土地的主要部分。在一些例外案例中,违章者或许会较为成功地占据内城最舒适的土地。

比较有特征的,在政治危机期间,每当当地政府为了发展而减弱在管辖范围内对城市外围土地占据的控制时,侵地或违建往往会有增强的趋势。在国家混乱和政治不确定期间,城市政府的法律执行能力会被暂时性地压下去,同时紧接着的是政府被暴力改变或者引发大规模的公共骚乱。这种情况为违章者打开了机会之门。在违章者采取行动,且急迫地表述这种他们细分为在空地和在狭窄拥挤的地区建立大量以未完工临时安置点为主导的住宅区方式的掩饰下,往往实际对他们而言是无关紧要的。

尽管临时安置点在起源、位置和使用其他内容上面,往往呈现出类似的特征。但是由于它们所归属的地理、历史和社会经济背景都大不相同,因此在一些房屋核心部位上面和居民在面对社会问题上面有着非常大的不同之处。例如,在发展中国家当中,人们居住的比例和人口密集程度都有很大的不同。在印度,55%的孟买人口居住在仅仅占6%城市土地的临时安置点里。在乌干达,40%的坎帕拉人口居住在占20%土地的临时安置点里。根据联合国人居署统计,城市贫民窟在非洲的占比超过世界平均占比的 40%。[①]

临时安置点里的居民生活质量也有很大的不同。在一个富裕人口占主导的社区里面,如果它的临近地区还不够达标,那么这样的地区也会很容易看作比主要是平民占主导的地区经济水平更加高。主要由于这个原因,在临时安置点中,以布局和建设来看,它们或许有很少的相似性。例如土耳其和印度,巴西和肯尼亚,或者突尼斯和赞比亚。主要由于同样的原因,这种在有序生活当中,所要面对的地区间差异性的威胁和居住在社区的人们在日常生活中所要面对的是自然而又严肃的问题。

在撒哈拉以南非洲临时安置点中,关于居民生活质量的一些方面的剖析

由于居民较低的社会经济生活水平和他们在临时安置点创造的这种生活方式。在撒哈拉以南非洲,以全部居民的生活特点,根据基本服务体系和不动产安全状态,城市临时安置点里呈现出破烂不堪的房屋条件。居住点建设所用的材料,有粗糙的塑料护墙板、硬纸板、废金属,不同种类的大量不达标的煤块、石头、砖。此外,在许多其他地方,居住群落为树枝和泥土涂抹等非常有特色的建筑材料建设而成。它们没有合适的地基和天花板,地面也是破烂不堪。由于建设粗糙和缺乏维修,屋顶漏雨是稀松平常的事情。

另外一个需要引起批评的因素是:在非洲城市的临时安置点里,居住群落的主要特征事实上是房屋非常小,最多也仅仅有一到两个房间。例如,坎帕拉的贫民窟,54%的居民所居住的房屋是单间,这些单间被称为"姆扎古"(联合国人居署,2007 年)。在更多的案例中,对于居住在这些安置点的人来说,有分开的厨房和卫生间是非常奢侈的。因此,这些有限空间的房屋对居住者来说,一个

---

① http://en.wikipedia.org/wiki/slum#Characteristics. Accessed i April, 2010.

空间很显然需要进行多种用途的活动。

此外,这里的居住群空间密度,与联合国人居署依据健康而规定的每个房间两个人相比较而言,要大数倍。更糟糕的是,一个或两个家庭成员为了补贴贫穷且不稳定的家庭收入而占用居住地为自己不正规的商业而服务。如果这个商业是卖传统的饮料,孩子甚至老人将花费一天中的大部分时间待在房屋外面狭窄、拥堵、垃圾满地、灰尘飞扬、泥泞、气味难闻的小巷里。

在非洲城市临时安置点里,基本服务设施仅仅占极小的一片,即使有的话,也仅仅有连在一起的水管和电网。事实上,非洲居民临时安置点的饮用水往往从私人小贩这里买入,而私人小贩的价格比公共水利部门的水价要高出很多。在非洲,有将近35%到50%的城市居民不能饮用到安全饮用水。此外,在贫民窟和违章建筑聚落里面,占压倒性比例的居民不能直接便利地使用饮用水,当然,这一现象不是令人惊奇的。在非洲很多国家的片区里面,临时安置点往往非法接入附近的电网来使用电力。通过非法安装,大规模的电力流入居民家中,但是电压却非常之低,甚至无法点亮电灯,更不用说诸如做饭、熨衣服等在家庭中起更加重要的事务。

就房屋不动产而论,城市内临时安置点往往有更高的出租比例。例如,在埃塞俄比亚首都亚的斯亚贝巴的城市内破落地区,有接近3/4的房屋群落是用来出租的。而另一方面,在城市外围的临时安置点里面,通常有很高比例是用来自己居住的。这些供自己居住的临时安置点,由于处于违法状态,在没有确定的警告和额外补偿的前提下,在任何时间都可能被拆迁。

尽管居住在这种类型临时安置点的人占了城市人口的一大部分,然而由于市政当局不愿意给它们房屋所有权证书,这些主要居民仍然面临着被强制性驱赶的持续性威胁当中。由于这种原因,他们中的绝大多数当房屋收入增加时,勉强可以大幅度提高居住条件。尽管被非法占有的土地需要被政府回收再利用时,强制收回土地现象时常发生,然而政府当局为加强它们的控制力或者为了阻止违章住宅区进一步发展,将违章建筑夷为平地的现象很普遍。市政当局为了对非法房屋所有者和不动产产生影响,实行强制拆迁。

像早先提到的一样,在临时安置点的大部分居住聚落往往被随意地拆分为非常狭小的地区。因此,密集区的人口时常上升到每公顷数以千计,这种现象在老城区更加明显。例如,在内罗毕的基贝拉贫民窟就是这种现象,在仅仅 235 公顷土地面积的临时安置点居然居住着超过 50 万人口。① 尽管在撒哈拉以南非洲过度拥挤已经成为一种普遍的特征,但是有如此程度的拥挤现象还是非常之罕见。

在更多的城市案例当中,由于受到自然出生率和人口迁移的影响,作为城市一部分的临时安置点,它的人口比例增长之快极大地超过了城市中平均水平。此外,由于附近和偏远地区的人口迁移,安置点未来人口数量往往是城市其他地区的四倍多。

在这些安置点里面具有依附性质人口的比例非常之高,主要是由于这里在 15 岁以下的人口占总人口的大约一半。这里贫穷是非常普遍的,有超过一半的人口生活在贫困线以下。很容易理解,这里失业人员的比例很容易能超过 33%。甚至有更严重的临时安置点,超过一半的劳动力处于失业状态,比如在南非德班有一个贫民窟就是这种现象,在最近十年的前五年里面,大约 57% 的劳动力处于失业状态。

对规律生活的威胁

在临时安置点里面,高密度的人口导致了不健康的生活条件。不仅仅是房屋面积太小,甚至在一些最贫困的环境里,两个或者更多的人只能分享一个房间。生活在如此拥挤的空间,抚养孩子是

---

① 居住在基贝拉贫民窟的人数不少于 70 万人,在肯尼亚首都内罗毕,每 5 名居民就有 1 名住在这个贫民窟里。

非常困难的。在学校里，由于空间有限，操场也无法建成，去学校上学的孩子由于受到狭小空间和没有电的影响，往往在晚上不能做家庭作业。这种情况对于这里的女孩子来说是更糟的，她们需要帮助母亲照顾年幼的兄弟，她们从遥远的小贩那里买来水，然后供应日常生活使用。此外，有证据证明：在非洲城市这样临时安置点出生的孩子，想要顺利成长并在学校取得成功来应对激烈残酷的市场竞争，几乎是不可能的。

更进一步说，这里广泛缺乏合格的厕所、公共的下水道，垃圾也是露天堆放的，再加上拥挤的人口，这些因素的累加对于居民的健康构成了严重的威胁。包括与肺结核联系在一起的艾滋病，已经变成对这里的人们威胁最大的疾病。

在临时安置点里面，由于所待的时间更长，妇女和孩子在这样的环境里面受到的危害更大，尤其是妇女。不仅仅因为她们需要照顾生病的孩子和管理孩子的健康，更因为她们需要在屋子里面做饭。除了这些之外，她们需要在狭窄的环境中管理家里的大小琐碎和日常基本需要。

因为在贫民窟里面，卧室和厨房相重叠，因此妇女和孩子持续暴露在灶台的烟雾当中。这些生活在贫民窟的低收入群体，甚至不能够解决食物短缺带来的威胁，这对孩子的健康造成的危害是尤其突出的。主要由于这种原因，在非洲贫民窟的孩子营养不良比例是非贫民窟孩子的两倍多。例如，在肯尼亚、马拉维、莫桑比克和乌干达，五岁以下孩子营养不良的比例超过20％。相比较而言，非贫民窟孩子营养不良率在10％以下。

在许多狭窄的居住群落里，乱搭乱建给居民有序生活带来了巨大的威胁，这些居民既包括住在临时安置点的，又包括住在城市其他地区的人。例如，房屋建设造成了土地使用极大的混乱，高成本违规建设了大量烂尾房。像这些乱建，如果拆迁了以前的贫民窟后，没有相当充足的准备和足够的资金支持，会导致一个比一个建设得更差。在不确定的形式下，新房子在拆迁后会建设得更好，而且它通常也会远离城市中心区，而城市中心区对于一个经济不够富饶的地区来说，往往是就业人员最集中的地区。

土地使用模式的混乱，会对临时安置点的服务造成极其困难的影响。如果可能的话，当政治意志和资源条件准备充足的时候，在安置点的大部分地区修路、安装水电是一个挑战。这导致了，这些安置点甚至缺乏基础设施，包括道路、供水系统、路灯和排水系统。

主要由于这个问题，为临时安置点的居民提供至关重要的紧急情况服务都是很困难甚至不可能完成的。比如，由于无法享有医疗救护服务，分娩的妇女或许会死于生孩子的过程中。在安置点里面，一个偶然发生在小角落的火灾，由于消防设施的不完善，或许很容易失去控制，可能导致数以百计的居住点被烧毁。

在非洲城市，不管是贫民窟还是非贫民窟，由于高失业率和贫穷，已经对人们的有序生活造成了巨大的威胁。像已经记载的那样，在部分安置点里面，失业比例很容易超过50%。最主要的原因是大多数安置点是处于城市的外围，这里的居民绝大多数教育水平比较低，而且国家不同经济部门所关心的经济发展在这里表现都不佳。

大范围失业、不卫生的条件、过度拥挤和不够好的居住环境，与狭小、弯曲、缺乏路灯和交警的街道和小巷，这些因素综合起来会滋养不同种类犯罪行为的出现，这些犯罪行为包括从情节较轻的扒盗到大规模贩毒和高频率杀人案，它们也很容易蔓延到城市其他地区。在如此环境下，部分居民公开卖淫；在没有任何执法人员监督的情况下，工艺不完整的、廉价的、对健康有危害的家酿酒被销售；更有甚者窝藏和包庇有组织犯罪人员。

临时安置点增加的主要原因

在非洲和其他第三世界国家，很多因素促成了城市临时安置点的增加。在撒哈拉以南非洲，这些因素包括城市人口高速积聚、不合格的警察、过时的法律和规章条例、失去机能的土地市场、缺乏活力的金融市场、缺乏有效的政府治理和政治意志。上文简短描述了一些因素对非洲城市地方事务的影响,下面将作详细介绍。

城市人口高速增加

在20世纪后半期,非洲目睹了全球平均每年城市人口接近增长两倍。像数据表5.1展示的那样,尽管在1990年前期和中期,平均每年的城市人口增长超过4.2%,在1990年之后一直到2008年,城市人口增长下降到了低于3.3%,但是相对而言,它仍然高于世界人口增长的1.7倍。如果非洲大陆城市人口继续以如此比例增加的话,那么在2007年大约3.72亿的人口到2020年将攀升到5.68亿。相比较而言,在同样的时间里,欧洲预计将到达5.4亿人口。

表5.1 主要地区城市人口年均增长率,1960—2025(%)

索引	主要地区和国家	1950—1970	1970—1990	1990—2000	2000—2010	2010—2020	2020—2025
1	世界	2.98	2.61	2.26	2.19	1.87	1.58
2	发达地区	2.09	1.05	0.64	0.83	0.62	0.48
3	欠发达地区	4.04	3.79	3.07	2.74	2.29	1.91
4	最不发达国家	5.14	4.83	4.07	3.76	3.69	3.51
5	欠发达地区,不包括最不发达国家	3.98	3.71	2.99	2.65	2.14	1.72
6	欠发达地区,不包括中国	4.08	3.78	2.81	2.45	2.25	2.07
7	撒哈拉以南非洲	5.10	4.59	3.92	3.69	3.57	3.40
8	非洲	4.82	4.27	3.49	3.29	3.20	3.05
9	东非	5.71	5.56	4.14	3.83	4.13	4.03
30	中非	5.10	4.15	4.04	4.00	3.62	3.28

续 表

索引	主要地区和国家	1950—1970	1970—1990	1990—2000	2000—2010	2010—2020	2020—2025
40	北非	4.36	3.63	2.49	2.20	2.01	1.81
48	南非	3.19	3.07	2.97	2.00	1.28	1.15
54	西非	6.02	4.87	4.05	3.95	3.74	3.47

资料来源：United Nations, Department of Economic and Social Affairs. (2011). *Population division*: *World urbanization prospects*, 2011 revision, NewYork: United Nations office.

城市人口比例的迅速增加，不出所料，与世界城市化地区的人口增长模式是相一致的。然而，城市化的速度一定要与城市化的水平相区别看待。在2007年，仅仅大约占比38.6%，有9.64亿的居民居住在城市地区，那意味着非洲有接近一半人口已经进入发达国家的城市化水平了。但是根据全球模式，非洲城市化水平最低地区的城市人口，尤其像东、中非地区，一般城市人口增长率每年要高于4%。

非洲城市人口比例增加是受到人口自然增长率的上升和网络化的农村人口迁往城市的双重影响。在撒哈拉以南非洲，人口高自然增长率持续推动几乎所有城市人口增加。这种现象也鲜明地展示出，非洲最大的城市也在吸引和吸收来自乡村和其他小城市的人口进行迁移。一个事实也鲜明地呈现出：一百万或者超过一百万人口的城市由1975年的6个飙升至2003年的22个。在这段时期，尼日利亚最大的城市——拉各斯，人口也从200万飙升到1010万[1]（UN-Habitat，2005a）。

像很多作者所写的那样，在最近的几十年里面，非常高比例的人口迁移目的地都是城市，其诱因主要是农村的贫困。此外，如果经济迅速发展，也同样会对农村迁往城市这一事件产生强烈的影响（Drakakis-Smith，2000）。

在非洲，诱发人口迅速向城市迁移的因素中，大多数与自然因

---

[1] 拉各斯的人口实际规模与数据存在着一些偏差。例如，非洲开发银行发表的一份统计报告就显示：该市的人口在2007年为947万人。

素无关。每年，数以十万计的农村青年到达大城市后，由于自身素质欠缺，甚至连一个收入较低的工作都找不到。因此，为了生存，他们不得不打临工。一项数据表明，在大多数城市里面，有大约50%到70%的城市劳动力处于打临工状态。

打临工的结果当然是收入既低又不稳定，因此，他们只能寻找处于贫民窟的临时安置点了，在这里他们既能够搭建自己的临时安置点，又能够使得其转变成自己的不动产。主要由于这种原因，在最近几年里，非洲贫民窟和临时安置点的人口每年以接近4.5%的速率增加。在城市总人口中，这种迁移来的人口比自然增长率的人口多出2个百分点，正如联合国人居署所讲的那样：

> 基于这种估算，如果没有有效的扶贫政策出台，平均每15年，贫民窟人口将是现在的两倍；每26年，总人口将是现在的两倍。在2015年，非洲城市贫民窟人口将达到3.32亿（UN-Habitat，2005a）。

为了更加清晰地解释上面说的内容，人口动态流动的两个其他因素，为非洲城市人口迅速增加起了巨大的促进作用。第一个因素是：由农村迁入城市的大批量人口中以青年人为主导。第二个是，非洲妇女婚后使用避孕药的比例非常之低。尤其是15到19岁的年轻妇女，避孕药的使用率更低。通常情况下，结婚妇女的年龄与避孕药使用的频率是呈正相关的。

平均来看，在2000年到2005年间的撒哈拉以南非洲地区，年龄在15到49岁，使用避孕药的已婚妇女大约在23.9%。相比较而言，年龄在15到19岁的，使用避孕药的女子骤降到14.1%。相比之下20到24岁和25到29岁妇女使用避孕药的比例分别是21.8%和24.8%。①

---

① 在33个非洲国家中，年龄在15岁至49岁之间的已婚妇女中有70%以上不使用避孕措施，这一比例占人口的1.3%，在本世纪前十年的后半阶段，这一增长率也没超过2.6%。

深度化的城市贫困

在非洲,城市贫民窟人口的迅速增加也是由于城市人口过量增加与经济发展水平不相称所导致。在过去的一段时间里,事实清晰地表明了:许多撒哈拉以南非洲国家里面,经济发展水平增长很慢甚至停滞,尤其是在过去的20年当中,一些经济体甚至出现倒退。

表5.2呈现出,在1990—1999年这十年间,仅仅有7个非洲国家实际GDP增长率超过了5%。然而,在这段时间当中,相对应的有24个国家增长率处在0—3%。有5个国家经济出现了倒退。正如上面所提到的,城市化在迅速增加,而所伴随着的城市经济却没有丝毫增长。一点儿也不惊奇,学者将这种现象称为"没有经济增长的城市化"。

表5.2 非洲国家实际GDP增长率分布表 1990—2011

	1990—1999	2000—2009	2010	2011
负增长	5	1	1	3
0—3%	24	11	9	9
3%—5%之间	15	22	15	18
在5%之上	7	18	27	22
无法获得数据	2	1	1	2
总共	53	54	53	54

* preliminary estimates

表5.2也呈现出,在非洲2000年到2009年间,大约33%的国家每年实际GPD增长率超过5%。然而,对同样国家实际GDP增长率分布的考查,可以看出有非常大的区别。事实上,在2010年期间,仅仅有7个国家的GDP实际增长率超过了5%。相对而言,有10个国家,实际GDP增长率处于0到1.5%,6个国家实际处于负增长[①](African Development Bank,2010)。因此,数据已经呈现

---

① 在20世纪90年代早期,非洲的平均国内生产总值增长率为1.3%,在该十年的后半阶段,这一增长率也没有超过2.6%。

出,尽管非洲城市人口处于持续性跳跃式增长,而国家经济表现却最大限度的走低。

过去的几年里,在撒哈拉以南非洲主要城市,由于受到高通货膨胀率、深度贫困化、收入两极分化、高增长的失业率、大量无家可归人员等消极影响,其经济增长水平与这里的人口增长率发生了严重失衡。[1]

事实上,最新的、最可靠的数据呈现出:在非洲,居住在贫困线以下,农村和城市的人口比例仍然非常高。根据数据统计,非洲大多数国家,超过40%的人口仍然生活在贫困线以下。甚至在一些国家里,生活在贫困线之下的人口比例达到70%,比如刚果(金),71.3%的人口生活在贫困线以下。非洲的塞拉利昂比较接近刚果(金),有70%比例的人口生活在贫困线以下。

尽管像图表5.3呈现的那样,农村地区与城市地区相比较,贫困率更高。但是在许多非洲国家里面,有超过一半的城市人口也仍然在贫困里挣扎。

表5.3 部分非洲国家在贫困线以下的人口比例(%)

国家	调查年份	农村	城市	全国平均
阿尔及利亚	1998	16.6	7.3	12.2
安哥拉	2001	94.3	62.3	68.0
贝宁	2003	46.0	29.0	39.0
博茨瓦纳	1993	44.8	19.4	32.9

---

[1] 近几十年来,撒哈拉以南非洲许多国家普遍出现两位数的通货膨胀,特别是受到工业化、城市粮食日益短缺、当地货币不断贬值和农业失去国家补贴等因素影响。粮食价格不断飙升,令人担忧。例如,在1997至1998年间,津巴布韦的基本食品价格由于受到货币贬值,仅仅三个月就上涨了70%。安哥拉、厄立特里亚、埃塞俄比亚、几内亚、圣索托和普林西比以及赞比亚等国早在2007年就经历了两位数的通货膨胀。与此同时,在2000年的头十年,欧洲大陆的平均通货率仍在10%以下。

续 表

国家	调查年份	农村	城市	全国平均
布基纳法索	2003	52.3	19.9	46.4
布隆迪	2006	68.9	34.0	66.9
喀麦隆	2007	55.0	12.2	39.9
佛得角	2007	44.3	13.2	26.6
乍得	2003	58.6	24.6	55.0
中非共和国	2008	69.4	49.6	62.0
科摩罗	2004	48.7	34.5	44.8
刚果(布)	2005	57.7	55.4	50.1
刚果(金)	2006	75.7	61.5	71.3
科特迪瓦	2008	54.2	29.4	42.7
埃及	2008	30.0	10.6	22.0
厄立特里亚	1993—1994	62.0	53.0	
赤道几内亚	2006	79.9	31.5	76.8
埃塞俄比亚	2005	39.3	35.1	38.9
加蓬	2005	44.6	29.8	32.7
加纳	2006	39.2	10.8	28.5
几内亚比绍	2002	69.1	51.6	64.7
肯尼亚	2005—2006	49.1	33.7	45.9
利比里亚	2007	67.7	55.1	63.8
马达加斯加	2005	73.5	52.0	68.7
马拉维	2006	47.0	25.0	45.0
毛里塔尼亚	2008	59.4	20.8	32.0
摩洛哥	2007	14.5	4.8	9.0

续 表

国家	调查年份	农村	城市	全国平均
莫桑比克	2008	56.9	49.6	54.7
塞内加尔	2005	61.9	35.1	50.8
南苏丹	2009	55.4	24.4	50.6
苏丹	2009	57.6	26.5	46.5
卢旺达	2011	48.7	22.1	44.9
乌干达	2009	27.2	9.1	24.5
赞比亚	2006	76.8	26.7	59.3
津巴布韦	2003	82.4	42.3	72.0

资料来源：African Development Bank. (2008). *Gender, poverty and environmental*.

为了论证高比例的贫困率和快速增长的人口,对城市房屋质量带来的影响。表5.3解释了处于贫困状态的人们,能够建设什么类型的房屋。正如上述所言,现阶段城市人们高度贫困化正在影响着非洲城市。在撒哈拉以南非洲,大约50%—70%的城市劳动力,通过打零工的方式赚取收入。更不应该忽视的因素是：由于受到持续性通货膨胀的危害,城市中的大多数居民,需要用他们收入中的2/3或3/4用来购买食物等生活必需品。储存的钱连满足最低生活标准都不够,更何况用来考虑修筑房屋,那真是不可能实现的。此外,由于他们既没有稳定收入,又缺乏任何有价值的抵押品,他们在正规经济市场不能进行任何抵押买卖。小额贷款不足以解决燃眉之急,而同时又不具有能力获得一笔中等额度的贷款,因此就没有经济实力进行房屋建设。尽管有时候会零星地获得这种服务,但是它对于刺激经济来说是非常有限的。

不当的政策和治理能力的羸弱

在非洲,临时安置点迅速发展的一个至关重要的原因是：城市自身发展处于无序状态。一方面,缺乏管理主要是源于不恰当的城市政策法规；另一方面，是由于国家和当地政府羸弱的治理能力。就国家治理水平来看，在撒哈拉以南非洲国家里面，大部分欠缺处理城市发展的高端策略。由于部分原因，对于处理掉现存的贫民窟和临时安置点以及防止新贫民窟和临时安置点的再出现，国家缺乏一些清晰的规划。

在许多非洲国家里，各个部门做出的政策决定，直接或间接地影响了城市的发展，导致许多城市出现严重的碎片化。像城市联合会（2006）指出的那样，"城市时常更容易受到隐形城市政策（比如能源价格或者房地产金融）和有形政策（比如大都会城市结构的建设和在城市里的特殊投资）影响"。由于缺乏城市发展总体策略，对市中心作为城市发展优先方向这一模式的规定，有形和隐形政策将起巨大作用。而这里的隐形和有形政策，对于管理城市发展，既是过时的，又是简单生搬硬套发达国家的政策，不起实际作用。此外，关于政府进行城市管理的很多规章制度，在非洲许多国家通常证明是既不合适，又不能将城市发展引向先进的领域。

当地政府往往无法从上级政府那里收到指示和支持，也往往太软弱以至于不能有效地控制和引导城市的生长和发展。当地政府极端软弱主要是由于缺乏自主权，也源于它们肩上缺乏承担责任的能力。坦纳菲尔德（Tannerfeldt）和杨格（Ljung）评论道："城市碰巧发展主要是由于'当地人的努力和当地的资源'。"他们特别强调："贫民窟的安全化更新要常态化"和"只有受到中央政府支持的当地政府才是直接责任人"。城市联合会也在2006年强调了以下事实：

> 当地政府与城市发展有特殊相关性。它是接近主要利益攸关方，它能变成城市创新的知识中心，它在运送设备和提供服务（直接或者间接地通过分包和采取折扣等诸如此类）方面扮演着重要的角色，而且在运送设备和提供服务方面起着相当重要的作用（Cities Alliance, 2006）。

为了在城市发展过程中产生积极且持续的影响,当地政府必须使用足够的地方性法规。然而,如果有的话,仅仅有一些地方政府在用能够给城市带来持续影响的自治法规。除了这些因素以外,其他比较主要的因素是中央政府对权力的过度控制,那样就限制了地方政府对地方政策和法规的授权。事实上,大多数当地政府被过度限制,因此它们几乎很少甚至于没有对社会上不同种类社区或者机构言行的影响力,而这些社区或社会机构通过产品和服务运输的方式,往往对公共服务起着至关重要的作用。

这些社会机构的活动,通常是以专业化、片段化的方式发生着,即每一个机构往往趋向于为一个单独却关键的领域提供社会服务,比如电力、供水系统、公话业务和主干道。尽管政府在提供一批社会关键服务,诸如火灾救援、固体垃圾回收和处理、城市道路和公园的管理等方面是法律规定的第一责任人,但是它们与市场服务领域的公司相比较,却在技术和经济实力方面比较欠缺。

社会中,单独片段式的产品生产通过城市传输服务将它们联系起来,而这种联系加剧了各个产品叠加起来对环境的破坏。例如,在严格复杂的城市管理活动中,每个社会组织计划或执行它所专门负责的活动。每种活动叠加起来,就一起构成了为社会服务的完整体系。

由于完全缺乏协调活动的机制,城市内部社会机构的关系往往被严重制约,所以被另一个公共组织的行为或者非行为限制,而导致政府机构的努力被严重地创伤是一个极其普遍的现象。像亚的斯亚贝巴城市就是一个典型的例子,在没有市政当局同意的前提下,一定量的重要社会服务往往向临时安置点提供。在规则下,由于违章建筑者天然与居住区的基础服务(像道路、电网、供水系统)联系更密切,因此发展要求鼓励临时安置点迅猛扩展,这种现象也给了市政当局认识临时安置点一个强烈的信号。

更进一步讲,当地政府和国家部委之间,应该相互鼓励对方减弱把控程度。例如,为了整修旧街道,需要把影响市容的电线杆拔除,而当地政府往往需要等待国家电信部门做出决定,才可以行动。

而等待做出恰当决定的时间往往需要持续好几个月甚至一年或一年以上的时间,这样会使得当地政府增加劳动力和材料成本,而由此也会导致通货膨胀率常态化。在这以后,当地政府或许要求国家电信部门来补偿所增加的这类成本,而这也会导致国家电信部门单方面决定延后更换这些不合适的电线杆。这样,由于受到不公平的经济补偿和混乱的腐败带来的消极影响,当地政府往往会趋向减少预算,而减少预算意味着当地政府整修市容的计划胎死腹中。此外,它也清晰地表明重新整修还要等待相当长的时间。

在非洲,大多数政府的管理方式,既存在不恰当政策承诺的影响,又极端缺乏专业素质。这通常是国家部委和地方政府两者共同的缺点。导致这个缺点的主要原因是在它们两者之间,缺乏有效的分权和分责体系。

这时常会导致政治和专业社会活动混乱地缠在一起。当市政领导是被国家任命的而不是选举产生的,这个问题会变得更加严重。在这种形式下,当地政府往往会更加效忠国家上级政府,而不是为它的人民服务。甚至有选举产生的市政领导,在当任期间把他所承担的责任一股脑忘记了,而是执行着低效率的政策和做着几乎不为人民服务的事情。

干涉不仅仅会违反专业和道德标准,而且在专业活动中会灌输一些恐惧、不安全等消极因子。许多时候需要在讨好腐败的老板和支持以自由、幸福为主旨的法律之间做出选择。在如此的工作环境下,贪婪的市政领导不会考虑专业、道德,地区法规也会很频繁地被任意妄为的老板践踏。

高水平的城市发展规划,诸如站点服务或者贫民窟和棚户区的升级改造项目,只不过是为了拉选票作出的口头承诺。城市发展方案在没有真正政治承诺的情况下,无法得到有效执行。

其次,由于工资水平既不能吸引也不能留住人才,因此当地政府很明显缺乏高质量专业人员。大多数非洲城市政府人员较低的工资水平，也是造成长期腐败的重要原因，同时这也使得当地政府在计划和实施扶贫方案时，效率非常低下。

与农村的关联性

正如所指出的那样，城市临时安置点迅猛发展的主要原因之一是：相当高的净移民率。而大多数移民通常是来自附近和偏远农村地区的年轻人。这些移民进入城市后的生活质量，取决于他们在临时安置点里面获得收入的多少。根据他们的微薄收入，他们仅仅能够在城市边缘临时安置点找到能够住得起的房屋，而这些房屋要么位于贫民窟，要么位于违章的棚户区。一旦他们在这里住了下来，他们的经历就会鼓励潜在的移民离开农村来城市发展。

因为从农村进入城市的移民主要是适龄生育的年轻人，因此他们进入城市后的生育率非常高。许多学者认为，这对城市人口的迅猛增加起了很大的作用。此外，为了应对"人口过剩"带来的巨大压力，城市中心区的能力往往被过度扩大。在很大程度上基于这一理念的解读，研究人员和政策制定者们长期以来认为，农村到城市的移民问题是一个严重的问题，值得人们重新制定政策行动。因此，几十年以来，许多人一直认为，最好的处理方式是尽量减少人口过剩问题，这是一种有效的农村发展方案，而这种方案最终可能鼓励潜在移民继续留在农村或者附近的小城镇。显然，撒哈拉以南非洲的前社会主义政权——埃塞俄比亚和坦桑尼亚，通过直接或间接的法律，限制了从农村到亚的斯亚贝巴和达累斯萨拉姆等主要城市的人口流动，这两国以这种思想为主导并付诸实际行动当中。[1]

在最近一段时间里，一度被广泛接受的限制农村人口迁移的政策越来越少。由于新理念的影响，城市贫民窟在环境方面有一定

---

[1] www.citiesalliance.org/ca/slum-upgrading # Policyframework Accessed April, 2010.

的改善。许多学者认为,在非洲城市临时安置点升级改造的情况下,临时安置点的密度比分散的农村社区要小得多。由于新贫民窟居民生育率比以前预估的要低很多,因此对于人口过剩的恐惧就没有了。

更进一步说,学者们认为,在以劳动密集型为特点的农业活动中,人口过剩的风险确实很大。通过向城市移民,会释放可耕地减少这一风险带来的压力,同时也会减少对自然环境的破坏。另一方面,这会使得现代农业系统更加高效。此外,当下许多人认为,试图阻止农村向城市的人口迁移是不明智的选择。事实上,如果考虑所有因素,以几年这一时间段作为参考,与选择留在农村作为自耕农的人相比较,移民到城市的人有更大机会摆脱贫困。

支持城市临时安置点的另一种观点认为,根据许多国家得出的经验:只有相当大一部分农村人口搬到城市时,城市和农村地区经济增长才能够充分进行相互促进。大多数研究人员认为,生活在城市环境中的移民,只有在一个国家的城市人口中占比达到或者超过40%—45%时,这种相互促进的城乡关系才能对人们生活质量提供巨大的助推作用。此外,他们认为,在短期内,如果临时安置点的人口膨胀,农村向城市迁移的人口仍会增加。

临时安置点的升级改造

即使在第三世界里面,临时安置点这个词的出现也可以追溯到殖民时期。在20世纪60和70年代早期,独立后几十年里,政府对这个问题的反应主要是在这一时期形成的。更重要的是,由于殖民统治突然结束,农村人口立即且大规模地涌入这些国家的主要城市。在那段时间里,为了阻止这种大规模移民,促使大多数政府寻求非常规的解决方案。最初,大多数政府试图通过分配预算,直接建设低成本住宅来解决这一问题。有一种非常幼稚的想法,即通过专门建筑公寓和核心住房来取代临时安置点。其中还有很多人提出拆迁临时安置点进行重新建设规划,这导致了世界许多贫民窟和棚户区的居民被驱赶。

政策制定者试图通过重新安置城市以外贫民窟居民的方式,来解决临时安置点的问题。这种想法忽视了经济基础,因为它意味着将城市低收入家庭转移到距离市中心很远的地方,而市中心却是贫民窟居民主要的生活来源。为了纠正这一问题,政府后来制定了一项政策,即对贫民窟居民进行临时安置的策略,一直到临时安置点整修完毕。

然而,不久以后,政策制定者就意识到,对于大多数贫民窟居民来说,他们根本负担不起新的公寓房。此外,高层建筑也不行,因为对于那些非常贫困的家庭来说,他们往往通过在贫民窟的平房里面经营小本生意来赚钱,而高层建筑显然不能满足绝大多数人。此外,政策制定者越来越意识到,通过减少住房存量,拆除临时安置点的方式,只会加重城市住房的短缺程度。

越来越多的人意识到贫民窟清拆方案对于城市住房供应的有害影响,因此并没有把贫民窟和棚户区赶尽杀绝。在许多国家,零星的贫民窟和棚户区里面的混乱现象继续发生着。因此,它使学者和决策者不得不重新思考消除临时安置点的积极和消极两方面后果。

与其试图把贫民窟和棚户区作为一个主要关注点,倒不如把重点转移到解决城市贫民的住房困境上面。有一件事值得注意,那就是 JFC 特纳(Turner)在临时安置点问题高发时期,做出了一项开创性工作,即在 20 世纪 60 年代末,出版了帮助自助住房概念的一本书。

这本书的中心思想是政府为城市低收入家庭提供住房补贴,而这种低收入家庭需要一个衡量标准。到 20 世纪 70 年代初,世界各地的许多政策制定者和学者不仅仅意识到这本书提出的解决方案的重要性,而且还想要实践测试这种方案。正是这种思想的改变导致了政府对临时安置点的默认,从而使人们认识到需要改造升级临时安置点(Tibaijuka,2009)。

20 世纪 70 年代早期的另一个重要里程碑是,联合国和世界银行承认了"将投资作为经济发展的一个重要组成部分"。同时国际社会加强了对发展中国家穷人住房的关注度。同时也有新里程碑的诞生,例如,在1974年成立的联合国临时安置点委员会。这一联合国机构通过国际金融机构,为升级改造非洲城市的临时安置点,向他们提供贷款,并为他们的房屋和建筑项目提供资源。1977年,该组织与联合国住房、建筑和规划部门合并,成立联合国人居署。

特纳的观点得到越来越多人的认可,同时,联合国在解决第三世界中的临时安置点问题上表现出日益浓厚的兴趣。这两方面因素极大地影响了城市发展战略。许多发展中国家从上世纪70年代开始,特别是联合国成员国,对改善其城市住房条件有极大的热情,这种热情最终感染了世界银行——在满足城市贫民住房需求的方案上得到了世行的支持。

直到1975年颁布楼市政策以来,世界银行并非正式承诺资助城市住房计划。荷兰国际集团加快在拉丁美洲升级改造临时安置点时,世行开始给予支持。这种支持使得公众广泛了解了这个新政策。上世纪70年代初,在撒哈拉以南非洲和其他发展中国家,在城市住房改进和升级的城市里面,世界银行也兴趣浓厚地提供了支持。

由于缺乏有效的住房建设资金和持续的政治承诺,居住区服务和自主住房计划的受欢迎程度并没有持续很长时间。在所有限制这些方案成功的因素中,也许最令人沮丧的是缓慢而又隐形的驱逐,这种驱逐实质是占很大比例的住房被较富裕的家庭或早或晚买走。

由于大多数家庭都是非常贫穷的,他们还有各种各样来自社会和经济方面的需求,他们无法抗拒那些富有家庭为他们的新住房所提供的诱人价格,而这些富裕家庭财富是通过非法行为获得的非法收入。部分由于这些和其他的一些劣势,在发展中国家,70年代的关于低收入者住房政策并没有使临时安置点里的问题减少。

由于城市住房部门中很早就有干预措施的计划,因此阻碍了许多发展中国家对定居点改造升级的持续性和可能性。然而1980年代中期,贫民窟升级方案得到了坚定支持,这是对居住在撒哈拉以南非洲许多国家和世界其他国家人们住房困境的一种有力的回击。当然,在这些国家当中,解决临时安置点改造升级方案与定期执行城市旧住房政策是并行推进的。例如政府直接建造低成本住房与对一些贫民窟、棚户区的搬迁工作是同时进行的。

当棚户区或者贫民窟的居民开始占用对其它公共用途至关重要的土地时,通常会发生对他们的驱逐。例如,上世纪80年代末,在韩国首尔,为了改善城市形象,备战19世纪80年代末的奥运会,80万人被迫离开自己的家园。在2001年和2002年,约180万人被迫离开家园。在2003年10月的"亚洲住房权利联盟中",大约有390万人面临被驱逐的威胁。在某些情况下,居民被驱逐时,他们的下一个定居点恰好位于那些环境危害很大的地区,比如洪水或滑坡威胁。

对临时安置点升级改造的好处

升级改造临时安置点可以很好地改善贫民窟家庭的生活,同时它也是一个城市发展方案,并将其作为一个固定的形式。它实质是向公民投资,其首要目标是阻止定居点情况日益恶化的趋势。同时,它还努力防止新贫民窟的形成。它的主要组成部分包括改善基础设施和住房质量,以及将财产进行符合法律的所有权化,从而确保土地使用权的安全,以便后期可以对其进行投资。

对临时安置点基础设施的改善,包括修筑道路、提供照明、提供干净饮用水、提供卫生设施、建立废品收集设施、建立学校、建立卫生服务设施和社区服务中心。虽然根据一般情况的预期是:物质住房质量的改善是随着资金的调整而逐步增加的。但根据问题的严重性和资金的使用效用,可以向最需要的家庭提供一步到位的援助。不论实际情况到底如何,一项改善临时安置点的方案,并不一定是针对所有贫民窟和棚户区都遭到破坏而制定的。事实上，在某些非常受关注的情况下，一些住宅区可能不得不被拆除，以便改善附近的基础设施。或者是由于住宅区所在的地方有发生环境灾害的风险，而不得不搬迁。

虽然，临时安置点升级改造方案通常是由各国国家政府或者市政当局领导的，但其成功与否，很大程度上取决于重要利益相关者是否积极参与，这些利益相关者包括目标人群、社区团体、非政府组织和私人证券交易委员会。成功的临时安置点升级改造方案有利于减少该城市中对有序生活的威胁。根据城市联合会的报告，升级改造临时安置点对一个城市来说有以下益处：

促进包容：贫民窟升级改造解决了影响贫民的许多严重问题，包括对安置点里容易受到伤害的人的服务、信贷、土地和社会保护的排斥、阻碍、违法等，比如妇女和儿童问题。

促进经济发展：升级可以释放大量未开发贫民窟居民的潜力资源，他们往往拥有技能，并渴望成为更有生产力的一群居民。

解决整个城市的问题：通过遏止环境退化，改善环境卫生，减少暴力和吸引投资来处理整个城市问题。

改善生活质量：提高社区和整个城市的生活质量，提供更多的公民身份，释放更多的政治声音，有更多的政治代表，改善生活条件，增加安全性。

为穷人提供避难所：这是在非常大的范围内，以最低的成本，为城市贫民提供住房的最有效的方式。

这些理念表明，在《世界人权宣言》第25(1)条规定的基础上，临时安置点的升级改造，维护了人们的尊严和体面生活的基本权利。更重要的是，城市联盟强调，对贫民窟的升级改造，是可以负担得起的、灵活的、可行的。至于说到负担能力，他们认为，针对贫民窟的升级和改造，成本更低，而且比搬迁到公共住房更有效。在灵活性方面，城市联盟坚持认为，临时安置点的升级改造，可以由城市发起,以技术和经济上都有可能实现的速度递增。他们认为,该方案的可行性主要来自——穷人能够且愿意为改进服务而支付费用。只有在政策环境确保所有主要利益攸关方积极参与贫民窟和棚户区改造方案的概念、设计和执行时,才能令人满意地实现上述讨论中的升级,也才能呈现出解决临时安置点的好处。在这方面的主要行动者中,有一些临时安置点的定居居民,他们已经想要进行升级改造。

同样重要的是,当地政府有权承担更广泛的责任,并且能够获得必要的资源,以便有效地监督临时安置点升级方案中的规划和执行。然而,到目前为止,大多数国家政府虽然通过升级改造方案,或默认在当前政策环境下运行,但是这种政策环境并没有给公民或地方政府提供足够的资金支持。部分由于这种情况,在世界各地,即使几十年里向他们提供大量资源,大多数临时安置点升级改造方案只是取得了有限的成功。

关于改造临时安置点的最新方法

现在看来,在世界范围内,对改造临时安置点主要益处的看法是一致的,但这些城市发展方案的模式和短期内取得的成果,在不同国家之间可能有很大的不同。一般来说,一些临时安置点的改造计划主要以社区为主导,并在"解决改造贫民窟和棚户区居民生活"这一极具挑战性问题的方法上进行合理全面的处理。其他人则倾向于以更少的公民驱动解决问题,而且认为要集中关注改造临时安置点复杂和多方面问题中的一个或者两个方面。

例如,最近在南非德班、乌干达坎帕拉推行的贫民窟和棚户区改造升级战略,主要是由平民所推动的,而且侧重于特定的目标,并着手解决从改善社区基础设施到土地所有权等广泛的社区问题。相对而言,尽管埃塞俄比亚首都亚的斯亚贝巴的临时安置点升级改造是参与性的,但在很大程度上,它解决了城市改善基础设施和道路遇到的问题。

通常情况下，临时安置点升级改造方案的差异源于相关国家历史背景和社会经济不同。除了公民参与之外，它们也会提供给所对应社区一揽子的服务，而这一揽子的服务因内容的不同而有所不同。

在撒哈拉以南非洲的几个国家中，缺乏资金、过时或者不健全的法律和体制框架所带来的业务限制，是许多贫民窟令人不满意背后的主要原因。最重要的是，在受益人非常广泛且地方政府没有得到充分授权的情况下，设想、设计和实施包容、全面、有效、可行的临时安置点升级改造方案是不可能的。

主要由于在构想中的公民参与比例不足和临时安置点升级改造政策的实施，以及许多国家缺乏民主地方政府的因素的影响，在过去的几十年里，世界范围内许多临时安置点的升级计划都没有达到它们所宣传的目标。尽管网络资源呈现出一份令人印象深刻的实例，但这一实例是关于此类临时安置点改造升级的最佳实例，因为事实证明，截至现在，无论是受挫的，彻底失败的，甚至是引起不良后果的案例，都远远多于成功的案例。

因此，正如前面表述的那样，在非洲和其他发展中国家的许多地区，不仅有许多大型贫民窟改善幅度很小甚至没有改善。而且零星地驱逐住在贫民窟的家庭的事件也在持续地发生。然而，这并不意味着人类没有找到解决临时安置点问题的办法。如上所述，解决这个问题最合理的办法似乎是以社区为主导的临时安置点升级改造方案。但是，在讨论社区为主导的临时安置点解决方案问题的相关性之前，最好粗略地看一下非洲千年发展目标与临时安置点升级方案之间的关系。

千年发展目标（MDGs）和临时安置点的改造升级

正如上面已经讨论的那样，撒哈拉以南非洲许多国家的经济表现不佳，日益加深的贫困和日益扩展的贫富两极分化，在很大程度上造成了临时安置点的激增。像商业不间断一样，在人们的社会意识中,第三世界人们居住条件的恶化趋势将不会发生改变。联合国会员国于 2000 年 9 月在纽约召开了首脑会议,并通过了大规模减贫计划。这次首脑会议的主要成果是《千年发展宣言》,该宣言承诺,各会员国将在 2015 年之前采取一切必要措施,大幅度提高发展中国家人民的生活水平。

《千年宣言》阐述了以下 8 个千年发展目标:

1. 消除极端贫困和饥饿;
2. 实现初等教育普及;
3. 促进性别平等和加强女性权利;
4. 降低儿童死亡率;
5. 改善产妇保健;
6. 防治艾滋病、疟疾和其他疾病;
7. 确保环境可持续发展;
8. 发展全球伙伴关系。

因为八项千年发展目标是相互关联的,任何一个千年发展目标的成功实施都将大大有助于实现其他目标。因此,每个国家分别都有自己的具体目标。

千年发展目标明确旨在改善居住在临时安置点人们的生活条件,目标 7,对象 11 是想要实现"到 2015 年,至少 1 亿贫民窟居民的生活取得显著改善"。这个是尝试实现千年发展目标非常有雄心的项目。预计此项目成功实现,将花费数十亿美元。主要由于这个原因,成功实现目标 7,对象 11 是要依赖主要工业国家,尤其是要依赖它们作出像目标 8 那样的良好承诺。而目标 8 是发展中国家为了国内外和平、安全和发展而采取的必要措施。

然而,正如许多非洲国家经验所显示的那样,由于下列三个主要原因,特定日期实现千年发展目标 7,对象 11 的可能性是非常之低的。第一,该地区许多国家的经济增长不够强劲,不足以表明它们已做好准备实现千年发展目标。事实上,至今为止,只有少数撒哈拉以南非洲国家成功地实现了实际GDP增长率为6%，这一增长率通常被认为是很好的指标，同时也表明了它们有可能实现大部分的千年发展目标。在肯瑞斯·卡斯汀陈述以下内容时证实了这一点：

> 据估计，假设每年持续人口增长率为2%，而贫困率从2001年的47%降低到2015年的22%。千年发展目标要求非洲国家实际国内生产总值每年至少增长6%或者略少。在过去的十年里，只有博茨瓦纳、毛里求斯、莫桑比克和乌干达四个国家的经济增长率接近这个目标，这要归功于当地国家强大的工业和服务业。

第二，工业发达国家"提供慷慨的财政援助和更好的贸易条件"的承诺，至今还没有兑现。直到2007年，只有瑞典和荷兰两个工业发达国家遵守了它们的承诺，这一承诺使得发展中国家GDP提升了0.7%。这一提升对于支持实现千年发展目标起了很大作用。第三，该地区大多数国家缺乏政治文化、法律和制度框架，只有大规模减少贫困率，才能帮助它们实现千年发展目标。因此，撒哈拉以南非洲大多数国家，在实现千年发展目标7，对象11中，取得的进步很小。

以社区为主导进行临时安置点升级改造

以社区为主导进行临时安置点的升级改造，既不是学术研究的产物，也不是政策制定者的创造。这些都是在世界各地贫民窟和棚户区居住的居民，对比如像驱逐等非包容性城市住房政策所给予的有力回应。

事实上，在很大程度上，他们采取各种形式的有组织斗争，来影响针对临时安置点制定的政策，是因为随着他们居住环境不断恶化，他们早已失去了对政府管理能力的信心。起初，他们的反应是自发的，但在很大程度上，他们抵制驱逐的反应以失败告终。后来，它们中的许多人建立了贫民窟居民委员会，以挑战在特定时期内对他们切身利益产生不利影响的政策，这些协会合并成了国家贫民窟居民联合会。

印度联盟或印度贫民窟网络就是一个很好的例子，在1974年，它建立了全国贫民窟居民联合会（NSDF）。全国贫民窟居民联合会受到西方相关机构的影响，此机构特别鼓励非政府组织的建立并提供专业协助。在1986年建立的妇女联合会，网络化的妇女组织给妇女提供硬化居住区这样的工作[①]（CLIFF，2003）。

目前，非洲、亚洲和拉丁美洲也有相当数量的居民有类似非洲贫民窟的情况。作为贫民窟居民的代言人，许多基层组织已经设法让政府当局倾听城市贫民的声音，尤其是那些对政治异议压制很严重的地方。一个很好的关于肯尼亚的例子是，在当地，贫民窟和临时露天安置点组成了联盟，这一联盟通过与肯尼亚铁路公司进行卓有成效的谈判，帮助了居住在铁路沿线的居民，以防止他们的房屋和买卖点被拆除。

世界各地贫民窟网络的影响力越来越大，特别是关于临时安置点升级改造的问题和居住在贫民窟的居民被持续驱逐威胁的问题。他们的意图很明确，那就是在这三十多年中，建立贫民窟居民联合会和几个国际性组织提出的鼓励性机构，而这一鼓励性机构目的是培养具有全球化的贫民窟居民机构和组织当地政府、非政府组织和其他与协会利益相关者对临时安置点改造升级作出努力。例如，在20多年里，总部设在英国的国际组织一直与会员联盟合作，而且这一国际联盟被称为"贫民窟居民的国际盟友，国际贫民窟联合会的联盟"。以社区为主导的基础设施融资机构，在世界范围内，一直致力于促进社区内临时安置点的升级改造。至少在2002年，克里夫的活动并不局限于在金融领域提供支持。正如2003年8月年度报告显示的那样：

---

① http://practicalaction.org/docs/wuf04_best_practic.pdf. Accessed APRIL, 2010.

多样化的组织，在既提供资金，又提供包括穷人在内的组织资源，如在组织方面深刻的见解和知识的前提下，提供一个以一种跨越长期制度阻碍的方式进行交流的机会。

涉及到资金，全球捐助者，如英国国际发展部和瑞典的国际开发合作组织，已经为以社区为中心的临时安置点的升级改造提供支持。这些捐助主要通过世界银行提供，主要通过世界银行和联合国人居署联合在1999年建立的城市联合会来主导管理该项目。

部分原因是，它们已经成功吸引了越来越多的人认识、认可以社区为主导的临时安置点的升级改造方案，在改善第三世界（包括撒哈拉以南非洲）贫民窟和棚户区居民的生活条件方面，取得了令人印象深刻的成果。它们也已经被证明了：有能力动员和管理来自贫民窟家庭里的贫穷资源，并且得到国家和地方政府以及捐助团体广泛接受这样的一个事实。这也给它们带来了尊重和一点微薄的收入。

在城市案例中，有一个非常好的例子是：在肯尼亚基苏木贫民窟居民协会的一个合作框架中，成功地动员了它的成员，为用于改善房屋的信用贷款而对每个人进行分担摊派。协会这样做是为了偿还从他们打算建造新住宅中收取的利金。

同样值得效仿的是，在肯尼亚贫民窟居民联合会的保护下，肯尼亚基苏木贫民窟居民协会发起了一项拯救行动。该行动始于2003年，建立了五个日常节余集团。以这种方式节省下来的钱被贷款给用于家庭私利的议员们。除了日常储蓄和贷款外，该协会的活动还包括提高艾滋病防治计划以及为青少年和儿童消费服务（UN-Habitat, 2005）。当然，基苏木贫民窟居民协会和世界上其他几个同样目的的草根协会的经历无疑证明了：穷人能够而且愿意为改善住房和服务付钱。

结论

  根据世界人权宣言,每个人有获得相应住房的权利。然而,在世界上,大约 1/3 的城市人口当下居住在拥挤且不安全的临时安置点。大约 98% 生活在临时安置点里的居民是来自第三世界,而在第三世界的居民中,撒哈拉以南非洲大约占了 72%。面对处理临时安置点这一问题,世界面临着艰巨的挑战。

  这份报告呈现出临时安置点的突出特征,以撒哈拉以南非洲作为典型参考,在如此环境下生活,是对他们有序生活方式的主要威胁,也是导致他们居住点分散的主要因素。报告还强调了临时安置点与农村的联系,并简要介绍了全球政策对于临时安置点问题的反应。同时,通过提供适当的例子,还特别强调了全球政策反应的方式和结果。

  总的来说,这项研究的主要发现表明,临时安置点的持续存在,对于城市政策制定者和近年为扭转这种趋势所做的一切都构成了严重的挑战,特别是情况较为严峻的撒哈拉以南非洲。尽管联合国千年宣言呼吁大规模减贫项目,至少使得 1 亿贫民窟居民生活显著提高。但事实表明,在撒哈拉以南非洲大多数国家没有很好地达到目标 7,对象 11 的发展目标。

  不论这些事实到底如何,现在越来越多的人一致认为,改造升级旧的临时安置点,并采取措施阻止新的贫民窟和棚户区的形成,这样做符合城市发展的最佳利益。然而,关于临时安置点的升级改造,并由此产生更好效果的方案仍然没有达成普遍一致的看法。以社区为主导的临时安置点升级改造方案比其他大多数方法都要好得多。这种方法的优点不仅仅在于它的包容性、整体性和灵活性,而且它也具有使受益人能够理解方案所有权的这种固有能力。由于穷人都有能力并且愿意为改善家庭和服务支付费用,因此这种所有权意识在提高临时安置点升级改造方案可行性方面又向前迈进了很大的一步。

最后不得不指出的是，这项研究认为，有支撑的政策环境对于以社区为主导的临时安置点升级改造，起着至关重要的作用。这样的政策环境必须在两个方面有效达成。首先，要建立这样的一个政策环境，需要对国家政策和条例进行全面改革，以满足城市发展的理想结果。因此，它必须能够有效地找出政策与法规中存在的漏洞，并采取必要的补救措施。最重要的是，这样的改革应该把重点放在赋予地方政府更多的权力方面，让它们能够承担更广泛的责任。第二，需要通过明确的规章和程序来保护穷人的权利。要有这样一种认同意识，即穷人是合法的城市居民，这种认同可以使我们制定出有利于穷人的规章制度，并且应该为生活在贫民窟的穷人财产的合法化制定指导方针。他们认为：应该调整价格和信贷标准，使穷人也能够负担得起，并且有获得信贷的机会。同时，他们也认为：应该鼓励私人部门做出改造升级临时安置点的努力。最重要的是，他们应该创造一个环境，鼓励城市穷人充分认识到他们具有利用自身潜力解决问题的能力。

第六章

前进的道路

纳戴哥·德西蕾·亚梅奥戈（Nadège Désirée Yaméogo）、阿贝贝·希梅莱斯（Abebe Shimeles）、史蒂夫·凯伊兹-穆格瓦（Steve Kayizzi-Mugerwa）和姆苏利·恩库贝（Mthuli Ncube）

背景和城市发展的挑战

与世界其他地区不同的是，非洲城市的快速发展并未成为经济增长的引擎。相反，非洲大陆的特点是城市贫困日益加剧。尽管非洲经历了最快速的城市发展，全球城市化最快的 100 个城市有 17 个位于非洲。

正如第二章提到的那样，非洲的城市还没有发挥其带动经济增长和消除贫困的潜力。这些城市基本上仍然是初级商品生产者，其经济发展活力比其他发展中地区弱。非洲大陆的经济增长还没有和非洲各国经济活动结构中可观察的变化联系起来。因此，近几十年来，非洲的城市发展面临着诸多挑战，例如巨大的贫困化挑战，贫民窟扩大，基础设施薄弱和不适当，日益恶化的安全问题，政府的不作为以及环境和气候变化问题[①]。

---

① 必须理解城市化与城市人口增长之间的区别，前者是关于结构性经济变化相关的现象，而后者是衡量城市地区绝对变化的指标，而没有提及农村人口的增长（Pernia，1993）。

第六章 前进的道路

正如前几章所述,不恰当的政策、机构能力薄弱和投资不足已经导致非洲城市中非正式居住区的迅猛扩展。他们大多缺乏全面的城市发展战略。造成的结果是,城市人口的快速增长已经超过了政府为应对发展而建设基础设施的能力。

农村人口向城市迁移和城市边界的扩大是非洲城市高速发展的主要原因之一。正如第五章所提到的,造成非正式定居点扩散的主要因素包括城市人口增长速度加快,城乡贫困发生率高,不合适的人口和监管框架以及不足的财政来源。另外,财政、工业、国防、农业和移民政策等非空间因素对城市发展的速度、形式、性质和程度都有重要影响。换句话说,政府政策对城市化的进程具有主要影响。

贫民窟的泛滥表明了住房政策的不恰当性和无效性。这在一定程度上对政府的所得税征收和再分配政策产生了严重的制约。政府对贫民窟居民普遍缺乏了解,也无法控制其未来发展。因此,政府只能提供很有限的财政给城市基础设施和公共设施。由于城市公共基础设施承载能力非常有限,使得城市和城镇的服务质量下降。在某些情况下,城市服务在不断的压力下完全被破坏了。城市化空前地发展,给规划、基础设施、就业、社会服务、安全和环境带来挑战。缺乏足够的基础设施使大多数非洲城镇的经济增速降低。

有证据表明,非洲的城市增长主要以贫民窟扩展的形式实现,导致不平等加剧。由于缺乏处理不断增长的城市化机制,未来几年,撒哈拉以南非洲城市一半以上的城市居民将仍然生活在非正规居住区或贫民窟中。如果按目前的城市化增长趋势继续下去,非洲的情况将会非常危急。预计到2050年,非洲将会有一半的人口居住在城市里(UN Department of Economic and Social Affairs, 2008)。

预计到2050年,撒哈拉以南非洲城市人口占其总人口的60%以上(亚洲为66%,拉丁美洲为88%)。非洲富裕国家的城市化程度高于贫困国家,沿海国家的城市化程度高于内陆国家(见表6.1)。

表 6.1 非洲的收入和城市化 2008 年

收入水平	城市增长	城市化率		
	全非洲	全非洲	沿海国家	内陆国家
低收入	4.1%	33.8%	40.1%	20.6%
中低等收入	2.4%	53.1%	55.7%	38.9%
高中等收入	1.5%	62.9%		

资料来源：UN-Habitat(2008). *State of the world's cities 2008/2009*：Harmonious cities. London：Earthscan.

在撒哈拉以南非洲，估计有42%的人口生活在极度贫困中，而72%的城市人口生活在贫民窟中。整个大陆也有明显的差异，而北非的城市化水平很高(52%)，贫民窟居民比例较低(28%)，撒哈拉以南非洲城市化水平较低(35%)，但贫民窟居民比例很高(72%)。

随着大多数非洲城市变化迅速，许多城市面临极度贫困。总之，非洲城市正面临着以下关键的城市发展挑战：经济增长率低，城市贫困加剧；基础设施不足；贫民窟扩展；城乡间联系薄弱；地方或市政府的边缘作用；市政当局能力薄弱；环境挑战和气候变化问题。如果管理得当，快速的城市化可以成为促进繁荣的力量，但如果不能满足必要条件，也可能成为混乱和贫困的根源。为了更好地解决非洲大陆城市发展的挑战，适当的政策改革或政府策略是必要的。

在前面的章节的基础上，这部分主要阐述非洲国家尚未解决的主要挑战，以帮助他们从城市化中受益。因此，本部分总结了政策改革和观察的结果，其中评估了一些发展伙伴在非洲城市发展计划中的作用。随后，本章考察了非洲发展银行在城市化进程中的重要作用，最后，做了总结性报告。

政策改革[①]和所导致的结果：一些案例

在大多数非洲国家，城市政策方面的改革还没有成功实施。第三章讨论了国家城市发展战略的不恰当性如何导致了非正式居住区和贫民窟的扩展。实际上，大多数非洲国家的政府在没有任何明确的国家城市化战略的情况下继续运作。例如，实施非集中化措施的政策努力总体上表现不佳，主要是由于财政的不足以及没有国家领导人的大力支持。

而且，政府不同层级之间的职能分工一直存在问题，导致许多非洲国家的政府间存在冲突，政府职能和效率低下。例如，权力下放促成了公司化、私有化和公私合作关系的强劲转变。但是，与权力下放相关的主要体制问题是中央和地方政府的权力和职能分工。没有足够的权力分配给地方政府，特别是当地政府。

特别是在支付水和卫生基础设施，电力供应、排水、医疗保健和教育费用等基本服务方面出现的问题。地方政府依靠不可靠的中央政府补助金，这往往不足以支撑他们的项目。地方政府由于缺乏主要来自中央政府的转移支付和财政资源的补贴，因而受到限制。

因此，正如第四章所述，这种局面使得中央政府最终能很好地控制地方政府，也使得前者对当地需求的反应较差。因此，地方政府和当局应该大力支持进行适当的制度改革。其中一个必须避免的错误是要建立一种统一的制度，把权力和职能分配给下级政府。

---

① 住房政策制度是一套政策和政府干预措施，可以激励和限制住房行为。根据天使（2000年），可以对五种不同的住房政策制度进行识别。第一种类型是产权制度，人们可以自由拥有或交换财产，土地登记制度的透明度以及不同房屋权利的分配。第二类是住房金融制度，包括住房金融机构的发展，抵押贷款保险和银行业监管，审慎监管和资本流动限制。第三种制度是住房补贴制度。第四种住房政策包括政府在住宅基础设施方面的支出，以及城市基础设施服务的可用性和质量（即公共交通、水、卫生设施和社会服务）。最后一类政策工具是包括建筑物在内的监管体系代码、分区，以及延迟获取许可证。

事实上，有必要根据其能力，增加收入的潜力和人口、类别规模和密度，来将地方政府进行分类。同样重要的是要注重民主，促进国家对民间机构和公民参与发展项目的反应能力、合法性、问责制，提高参与度。

另一方面，有几个因素造成了撒哈拉以南非洲城市和其他发展中国家的非正式居住区的扩展。这些因素包括不恰当的政策和法律以及制度的不完善。大多数非洲国家在国家层面缺乏明确的城市发展战略，他们缺乏管理贫民窟的能力，以及防止新贫民窟出现的明确的政策指导方针。

在20世纪70年代，贫民窟改造计划颇为流行，但到了20世纪80年代中期，随着国际货币基金组织、世界银行和其他捐助者实施的结构调整计划，积极鼓励许多发展中国家采取"扶持型市场"，但中低收入家庭由于负担不起而被边缘化。因此，非正式住区逐渐蔓延开来。实际上，这些方案中大大减少了针对最弱势群体的政府干预措施。他们没有出台明智的政策，如有针对性的补贴。扶持型市场的方式造成了城市贫民的数量上升，使得很多非洲城市人口的生活水平恶化。下面的小节总结了非洲国家的结构调整计划，特别是坦桑尼亚的结构调整计划的成果。

结构调整方案对城市发展的影响

结构调整方案的目标是通过减少财政赤字，增加经济效益，鼓励私有化和以出口为导向的生产来稳定发展中国家的外部和内部平衡。在20世纪80年代和90年代，大多数非洲国家被迫实施这些措施，作为接受国际货币基金组织、世界银行和其他捐助者提供援助和贷款的先决条件。一些措施包括减少公共支出，特别是在非生产性部门，如在教育和医疗保健中引入用户费用，取消补贴和裁员。政府必须放弃住房生产者的角色，并成为整个住房管理部门（World Bank，1993）。另外，正如第三章所提到的，结构调整计划的实施往往与分权有关。

但是，这些改革对非洲许多城市地区的生活条件产生了负面影响。城市生活水平取决于社会服务的可获得性，其中包括教育、娱乐设施、水和卫生、电力、通信和交通基础设施。因此，削减对非生产性部门的公共支出影响了城市家庭的生活条件。在实施这些措施的几年后，大多数非洲国家的生活条件恶化，家庭实际收入下降，社会服务恶化。

坦桑尼亚的情况

坦桑尼亚实施了几年结构调整计划之后，城市基础设施恶化，社会和经济状况混乱，例如大部分城市人口难以获得清洁用水，足够的住房、医疗等基本服务。贫民窟定居点的数量大大增加，以适应被这些经济改革政策边缘化的大多数城市穷人。相比之下，部分城市正在通过新的商业、交通和酒店基础设施的爆发性增长，展现出发展的力量。

因此，结构调整计划通过减少政府的社会服务开支，加剧了贫富差距，对坦桑尼亚的城市发展产生了负面影响。公共预算不足，难以为城市工程融资，如足够的住房。另一些公共服务的开展也受到结构调整计划的严重影响，包括废弃物管理，水和卫生基础设施，供电和医疗保健设施。例如，鲁格拉（Lugalla，1997）通过深入研究，证明了结构调整计划是如何对城市贫民们的生活环境和健康状况产生不良影响的。总之，结构调整计划加剧了坦桑尼亚的困难和贫困。

肯尼亚基于社区的权属改革

非洲独立后最重要的土地改革之一是肯尼亚政府实施的。这些改革的目的是通过借鉴西方土地产权永久所有权制度，用个性化的永久产权制度和租赁制度消灭贫富差距。

对于非正式居住区，肯尼亚经历了三种基本政策来解决：驱逐或拆除，以及就地升级（Ogero，Omwando，&Basset，1992）。但是，这三个政策都取得了非常有限的效果。实际上，第一项涉及拆除贫民窟的政策,并没有消除居民对住房的需求。被驱逐的居民在其他地方又简单地建立了避难所。大多为最贫穷的人们而设立的居住区和服务项目,最终落入中产阶级或租赁市场手中。最好的例子是由世界银行出资的内罗毕的丹多勒居住区和相关服务。最后,由于非法以及非正式的财产转移,就地升级项目也没有达到为穷人提供终身保障的目的。

20世纪90年代,肯尼亚将相对的经济成功归功于土地改革,但也有人认为这导致了家庭纠纷升级,财产集中到少数人手中,土地流失,城乡流动以及妇女获得土地的机会较少。为了解决土地使用权问题,小城镇发展项目(STDP)被启动,其目标是寻求非正式住区升级的个人租赁权的替代方案。这个项目参考了美国社区土地信托模式,作为向肯尼亚贫困城市家庭提供土地的权属形式。这个项目首先在沃伊进行了试验,并扩展到了肯尼亚的其他城市,效果相当好(Basset & Jacobs, 1997)。

塞内加尔城市水务部门改革

1995年,塞内加尔政府发起了对城市水务部门的改革。这些改革旨在解散国营公司,并创建一家由所有的政府的新资产控股的公司。公司也被授权管理这个部门,而另一个实体则是为生产和分配而设计的。一个私人运营商被赋予了运行该系统的职责。改革八年后,观察到的结果如下:供应水总量增加了约20%;连接的客户数量增加了35%;就处理投诉和服务的时间方面,有了很大的改善;水质也更好了。此外,水务公司也运行得越来越好,水损失更少,回报更高。促成这些改革取得成功的主要因素包括适当的合同形式、强有力的政治意愿、良好的治理、灵活性和创新。由于运营商的激励以及政府对低收入社区实行补贴的政策,这些改革对穷人有着积极的影响。然而,与关税不平等和定向补贴差有关的问题依然存在(Brocklehurst & Janssens, 2004)。

住房补贴制度

在发展中国家,住房补贴条件差别很大。在补贴制度运作良好的情况下,首要问题是缺乏足够的资源(例如,有竞争力的住房服务供应)。第二,由于非正式工作的数量和住房部门的规模,使得住房补贴很难到最贫穷的人群手中。因此,贫困人口通常被排除在针对其需求的手段的益处之外。第三是缺乏居住在贫民窟定居点的家庭的信息。由于非正规部门在发展中国家非常重要,公共政策应该假设政府不能提供非正规人员的工资和资金收入。这种信息问题往往使识别和选择可能从补贴计划中受益的贫困家庭的过程复杂化。

摩洛哥的情况

在摩洛哥,住房补贴方案已经耗费了大量的资源,每年的支出约占 GDP 的 2.6%。但绝大多数的花费都是隐性的。住房补贴制度包括所得税、扣除利息、对开发商的税收减免、地方对公共开发商的补贴。房主减免地方税是最重要的补贴,但不适用于租户。因此,与许多其他发展中国家一样,这种补贴并不一定针对最贫穷的人群。在摩洛哥,从整体来看,住房补贴对贫困人口没有足够的针对性,长期来看也不具有可持续性。事实上,世界银行已经积极支持该国提高其补贴制度的经济效率(Spence, Annez, &Buckley, 2008)。在大多数发展中国家,虽然住房补贴往往占公共支出的一个重要份额,但通过更好地瞄准低收入家庭,可以提高效率。

总而言之,那些促进宏观经济稳定,界定产权,提供良好投资环境,吸引外国直接投资以及在其他基础设施中广泛获得社会,教育和医疗保健设施的政策和方案,如水、卫生、电力和运输,是有助于减少城市贫困的。过去二十年里,那些动用了全国的力量来应对贫民窟扩展的国家,使得贫民窟数目减少或使其增长稳定。南非和突尼斯就是这样的例子。成功主要是由于中央政府的政治承诺,大规模地改造贫民窟以及通过实施土地政策和监管方案、包容性的政策来为穷人提供服务。

发展伙伴的作用

非洲面临城市发展的巨大挑战,其特点是贫民窟扩展,获得基本服务和基础设施的机会不足,日益严重的安全和贫困问题。为了帮助非洲城市战胜其城市发展所面对的挑战,这方面的发展伙伴需要发挥其积极的作用。过去几十年来,很多发展伙伴支持了非洲几个城市的发展倡议。其中包括世界银行、联合国人居署、城市联盟、瑞典国际发展机构(SIDA)、法国开发署(AFD)、市政发展合作组织(MDPs)和非洲住房署等。

世界银行

近四十年来,世界银行一直支持非洲城市的发展。到目前为止,世界银行是唯一一个在非洲大规模提供城市发展资金的机构。它实际上涵盖了所有类型的城市投资(特别是在撒哈拉以南非洲的供水方面)。由于其在非洲的长期经验,世界银行能够在非洲适当开展金融活动。最近,世界银行又采取了新的城市和地方政府援助策略,重点关注城市和经济增长,城市管理和治理,城市贫困和贫民窟改造,城市规划,土地和住房,政府间财政关系和市政财政以及城市环境和气候变化。该组织正在试行一个新的框架和分析工具—城市化评估—协助各国积极应对面临的城市化的压力。世界银行的新城市策略重点关注以下五个方面:

1. 城市财务管理和业务治理方案:该方案将协助城市和地方政府改善服务提供的计划和融资水平,加强城市治理。这将支持一系列关键行动,如法律和监管机构的升级,为地方政府和公用事业建立健全问责制管理机制,通过将地方政府和公用事业细分为市场导向的融资战略。

2. 城市贫困和贫民窟改造业务方案:该方案旨在协助城

市和国家政府部门,通过扩大基于政策的干预措施和扩大对穷人有利的服务投资,来解决城市的贫困问题。

3. 城市和经济增长的业务方案:这一方案的目标是勾勒出一系列可以促进城市经济增长的战略。包括改善次国家投资环境,分析竞争力和私营部门伙伴关系。

4. 城市土地,住房和种植业务方案:该方案旨在介入正规市场未能到达贫困和低收入家庭的地区。其优先事项之一将是改善对穷人的住房补贴。

5. 城市环境,气候变化和灾害管理业务方案:该方案侧重于城市形式和设计,以实现收益,减少城市的二氧化碳排放,并利用气候变化减缓和适应的协同效应。

城市联盟

由联合国人居署和世界银行共同创建,该机构是贫民窟居民、地方当局、发展中国家政府(包括埃塞俄比亚、尼日拉和南非)代表的多方面联盟。联盟提供技术援助和实施援助,旨在支持城市准备将经济增长与减贫目标联系起来的发展战略,着重制定城市发展战略和贫民窟改造。

与亚洲发展基金一样,非洲开发银行集团也将正式加入城市联盟。这一举措将使银行有机会帮助将城市联盟作为非洲议程中的优先事项确定下来,以提高非洲发展银行的内部能力,并为银行的区域成员国提供支持(RMCs)参与设计和共同发起与城市发展相关的动议。

联合国人居署

该机构被公认为城市发展"最佳实践"的全球信息中心。该机构在非洲拥有广泛的技术运营计划,负责管理全球城市观测站,该观测站是非洲大陆城市条件最全面的数据来源。非洲开发银行与联合国人居署在非洲城市的供水领域建立了伙伴关系,这一伙伴关系可以扩展到其他领域。联合国人居署在住房和城市发展方面拥有广泛的议程。该组织是城市贫民窟改造和保有权的有力倡导者。它有助于利用城市发展,推动良好的城市治理,尤其是为分散的地方政府构建良好政治框架。

其他发展伙伴

过去二十年来,出现了一些新的发展组织,其中包括由人居署和联合国开发计划署设立的城市管理方案;科特迪瓦、尼日利亚、塞内加尔、津巴布韦和南非作为成员的非洲城市管理机构网络;非洲联合会和非洲地方政府,是一个非洲的城市和区域/地方政府协会;非洲住房和城市发展部委会议,是非洲城市发展讨论的重要平台,具有雄心勃勃的法律和政策改革方案。

非洲开发银行参与非洲城市发展

非洲发展银行认识到城镇是经济增长的主要动力。1992年,董事会批准了一项城市发展政策,以指导该银行在城市部门的业务活动,为与其他发展伙伴开展对话奠定基础,并促进与其他发展伙伴的合作。该政策侧重于区域成员国的能力(规划和实施投资计划,促进私营部门,支持分权化,改善城市贫民的生活条件和提升人力资源)。多年来,非洲开发银行通过投资于公共基础设施、工业、社会、卫生和教育设施,支持了城市发展。从1967年到2007年,城市居民和企业累计收到了该银行融资的15%—20%。

近几年来,该银行一直支持城市分权(如马里的情况),以及一些改善城市贫困人口生活条件的项目,如加纳的城市减贫项目(见专栏6.1;African Development Bank,2011)。在马里的情况下,该银行借出了500万个单位账户(UA①)来支持政府加强权力下放的体制、组织和领土治理框架。

---

① UA:账户单位等于国际货币基金组织的特别提款权(SDR),约为1.53美元。

专栏 6.1　解决加纳的城市贫困问题

> 在加纳,特别是中部和北部地区,城市化日益加剧,城市贫困恶化。估计有 200 万加纳城市居民被归类为贫困人口。作为一个试点国家,加纳已从非洲开发银行集团的城市减贫项目中受益,所得帮助的价值约 4025 万美元。20 世纪 90 年代以来,45% 的人口出生在最贫穷的地区,缺乏水、卫生设施和教育设施。

该项目的目标是:(1)通过参与式管理,创造就业机会,加强公私伙伴关系,地方治理和管理能力,发展城市住区;(2)改善城市和城郊地区的生活条件,增加获得基本的优质服务和社会经济基础设施;(3)通过能力建设和加强城市小型企业部门促进获得创收活动。

该项目覆盖了 12 个大城市、市镇和中等城镇,共计 445 万人。预期的效益包括通过更好地获得良好的社会经济基础设施改善城市贫困人口的生计,为失业青年创造 6000 个就业机会,预计该项目将分别产生 350 个和 50 个城市和城郊社会经济和环境子项目(African Development Bank,2011)。

非洲开发银行的城市发展战略

非洲开发银行集团最近制定了新的城市战略,以提高非洲城市发展干预措施的有效性。该战略的主要目标是提高非洲城市的发展能力和竞争力,以帮助他们更好地发挥其作为增长和经济发展引擎的作用。该战略将着重于与银行的三大支柱相一致的战略方向和干预的核心领域。

该银行关于非洲大陆城市发展的愿景是让城镇拥有健康的环境,具有竞争力和可持续性,而且管理得当。城市战略基于 2008—2012 年银行中期计划和 2009 年非洲发展基金(ADF)中期审查。因此,非常重视基础设施发展、城市治理和私营部门发展。这一战略还有助于将所有关于城市业务的关键跨领域问题纳入主流,即知识产生和管理、区域一体化、环境、气候变化、性别和弱势群体的赋权。战略基于以下主要领域:

基础设施交付

由于基础设施是经济增长的重要促进因素,改善弱势群体的福利和包容性以及加强城市地区的竞争力至关重要。因此,该行对 RMC 的援助将集中在以下几个方面:(1)改善供水、卫生、排水和固体废物管理服务;(2)改善城市交通;(3)支持能源项目(即公共照明);(4)促进非洲城市内部及其与农村地区之间的宽带连接,利用信息和通信技术扩大社会经济活动并增强竞争力;(5)支持发展城市社会基础设施(即医疗保健和教育)。在基础设施发展和管理能力建设方面,银行将特别提高城市管理的专业化水平。

城市治理

银行集团干预最重要的领域之一将是支持市和地方当局努力建立并加强善政和实践。为实现这一目标,银行的努力将以加强信托控制,增强财务透明度、问责制以及增加财政自给自足,公共投资城市发展的可持续性为目标。该银行将重点关注以下主要优先事项:

(1)支持财政分权和相关改革进程,确保各级政府公平分配资源,并获得与其新转移的责任相称的资源;

(2)协助市政当局改善其收税系统(即评估和改善税基和税收管理);

(3)倡导透明文化,支持中央和地方建立反腐败战略和体系;

(4)加强市政当局开展城市规划,确保城市资源控制和管理的能力;

（5）加强现有的直辖市网络和经纪人以促进在面临类似发展挑战的专家机构之间交流经验和最佳做法。

私营部门发展

该银行的目标是通过改善商业环境和中小企业（SMEs）的发展来支持私营部门——从小型企业到大型组织。为此，该银行通过向市政当局提供技术援助鼓励良好的投资环境。这将有助于改革其合法的监管框架，加强经济和公司治理，还将促进财政责任、透明度和问责制，以便为私营企业发展提供激励措施并降低交易成本。

该银行还将通过与其他金融机构和发展合作伙伴在城市发展领域的有效合作，加强地方金融框架。它将通过投资贷款和赠款、信贷、担保和股权等方式提供长期融资，并提供技术支持。此外，银行将通过基础设施支柱下的干预和参与，建设有竞争力的私营企业和基础设施。主要投资计划旨在为具有强大经济潜力的城市私人投资和工业发展创造强大的发展基础。

非洲开发银行将进一步支持中小企业的发展，为国内私营部门发展提供有利的商业环境，并通过建设能力特别关注本土中小企业。这将通过培训，提供信贷、营销和金融服务来完成。该银行将确定能够成为强大发展伙伴的"世界级"企业，从而为中小企业的发展带来重要的规模经济效益。

交叉问题

为了实现可持续发展，银行将解决一些关键的交叉问题。首先，关于与环境挑战和适应气候变化有关的问题，该银行将解决因无规划的城市化和不受管制的发展进程而产生的环境威胁。第二，关于一体化，银行将支持区域性银行业务的基础设施（机场枢纽、区域性港口网关）的区域规划、识别优先级和融资（道路、铁路）。它还将支持贸易便利化（即管制运输服务，简化贸易程序和海关现代化）。第三，对于与性别平等有关的问题，该银行的战略将强调赋予弱势群体权利，特别是妇女和青年，并支持与城乡联系有关的区域成员国治理和政策改革。最后,该银行将努力解决与城乡联系相关的问题。由于城乡经济之间的相互联系对于城市作为增长的真正引擎至关重要,该银行将努力解决以下几方面问题:(1)支持城市间合作和区域发展规划;(2)改善城市区域内的市场和储存设施;(3)支持位于城市地区的农业产业的投资。

非洲开发银行的城市发展实施战略

非洲开发银行的城市发展将利用该银行现有的通过中央政府渠道的融资工具,其中包括:(1)主要向中等收入国家(MIC)提供贷款和担保,以及向中等收入国家和低收入国家提供私人部门贷款(LICs);(2)非洲发展基金窗口向低收入国家和贫穷国家提供的贷款和/或援助;(3)信用基金和其他设施。对于信誉良好的市政当局的次主权融资,该银行将投资于知识生成以及其他与这种融资有关的机构。

以下是银行的融资工具:

在基础设施交付方面,该银行的支持将主要以传统的项目贷款或符合条件的国家援助的形式提供。银行的支持(贷款、担保和股权)将用于道路、电力供应、供水、卫生等私人投资和其他城市基础设施。该银行还将继续支持通过信贷额度和信贷支持/担保设施使私营部门参与的公共投资。

关于权力下放和市政治理,相应的工具将是政策性贷款。可调节计划贷款将用于支持权力下放计划。该银行还将通过投资贷款/赠款或独立技术援助业务为地方政府的能力建设做出贡献。

对于私营部门的发展,银行将为城市基础设施做出贡献,并将为市政和其他次国家政府改革其法律和监管框架提供技术援助,以改善商业环境。该银行将使用其传统工具参与主要的基础设施投资计划,银行将利用金融中介协助整个非洲大量的中小企业。这种援助将以信贷或担保设施与用于技术援助和能力建设的赠款资源相结合的方式实现。此外,银行将使用非金融工具,例如宣传和政策对话,通过研究经济和部门工作、宣传服务和能力建设进行知识开发和管理。

银行向 RMC 提供城市发展支持的能力将是实施过程中的主要风险。因此,它将采用基于结果管理的方法来监测每个城市发展业务的实施情况。此外,该银行还将发展并重视与其他相关发展合作伙伴的关系和联系,以最大限度地发挥其干预的优势。

提高生产力与促进活动中心的去极化

根据集聚理论,城市地区可以为经济增长和社会转型做出贡献。事实上,城市是经济多样化向生产率提高的必要条件。因此,公司寻求有助于提高其生产率的本地化和集聚(Henderson, uncoro, & Strange, 2001; Deichmann. al, 2005; Henderson, 2006)。例如,城市地区可以通过提供更大的市场,信息和技术共享,知识资源以及轻松获得信贷来吸引企业。

在提高生产力水平的过程中,工人的体力集中是一个重要的初始阶段。然而,没有任何集聚理论可以保证人与企业的凝结会自动形成一个运作良好的城市。事实上,集聚理论基于以下三个条件:知识溢出、劳动力市场集中和投入分享。但是这些要素假定城市,特别是政府能够创造出经济主体可以轻松应对和交换的环境,在这些环境中工人可以在工作中转移,并且生产性投入可以有效地转移。这也要求政府提供完善的公共基础设施服务。

然而,非洲国家面临着通过提高生产力作为减贫的必要基础,建立持续经济增长的巨大挑战。与快速增长的新兴经济体相反,特别是在亚洲,其经济扩张受到制造业而非主要部门的驱动,非洲近年的增长一直是商品驱动的。制造业被称为经济发展的动态驱动力,但它还没有成为撒哈拉以南非洲增长的源泉。从 2000 年到

2010年,以17个撒哈拉以南非洲国家①为例,他们都是石油出口国或矿产出口国。而发展中国家占世界制造业增加值平均份额从1995年的19.6%上升到2009年的33.6%,非洲的份额仅维持在1.6%,南非占非洲制造业增加值的一半。

制造业的缓慢增长归因于非洲大陆过早的非工业化,部分原因是由于已经解决了不可持续的工业化道路的结构调整政策(Yumkella, Kormawa, Roepstorff, & Hawkins, 2011)。此外,制造业服务业主要是小型企业,这些企业使用低技能和低资本。与亚洲低收入国家相比,非洲工业要素生产率低得多,交易成本份额高得多,从而阻碍了企业的竞争力。其成本至少是典型亚洲国家的两倍。这些因素阻碍了城市的发展和形成。

中等收入和高收入国家的典型城市拥有基础设施、交通网络、技术工人和其他基本必需品的合理资产,而许多非洲城市地区仍然没有这样的条件,尽管它们面临着快速增长。非洲的城镇化特点是贫民窟泛滥,贫困加剧和城市不平等现象严重。因此,非洲城市需要投资基础设施和其他基础服务,以吸引企业和产业,提高其竞争力。此外,各国应将其经济活动多样化,不仅仅依靠商品出口收入。例如,即使农业自独立以来其生产力并未"起飞",仍然是最大的就业和收入来源(ILO, 2004)。该部门贡献了约15%的国内生产总值,约占总就业人数的64.7%,占国内贸易额的75%以上(Yumkella al., 2011年)。提高农业生产力和挖掘非洲大陆的农业潜力还有余地。

另一方面,城市地区的经济增长应该是可持续的。因为许多非洲国家都依赖气候优势的部门,如农业、旅游业和自然资源,绿色增长是非洲大陆上升的另一种模式。最近非洲之角的危机表明气候变化如何对人们的生活条件产生负面影响。肯尼亚、埃塞俄比

---

① 这17个国家或是石油出口国(尼日利亚、苏丹、乍得、赤道几内亚和安哥拉),或是矿产出口国(博茨瓦纳、加纳、坦桑尼亚、莫桑比克、塞拉利昂、纳米比亚和南非),或是资源型经济体(毛里求斯、埃塞俄比亚、乌干达和卢旺达)。

亚和吉布提等几个国家由于干旱和较高的粮食价格引起了严重粮食安全问题(UN-OCHA，2012)。目的在于否定气候变化的影响，如低碳排放，可能对可持续发展产生理想的影响。城市发展战略应以绿色经济为导向，反过来绿色经济有助于解决气候变化的挑战并减少贫穷，这可以实现，例如，通过利用更清洁的能源和开发抗旱以及更高产的作物品种。一个绿色城市更多的是以更少的浪费和低碳能源进行的智能消费(UN-Habitat 2010,2011)。适当的规划和精心设计的绿色技术有助于提高城市的生产力，实现未来几十年的绿色和包容性增长。

"绿色"大众城市交通

非洲的快速城市化对城市交通运输部门的整体结构产生了深远的影响。当公共交通正式组织和规划时，它可以提供安全、可持续和有效的交通方式。公共交通有助于维持经济增长、减少空气污染、缓解气候变化的影响、促进社会融合。2000年，三分之一的非洲人生活在城市，到2030年，将有一半的人口居住在城市。此外，城市扩张增加了经济中心之间的距离，使城市居民在日常活动（就业、医院、学校、市场等）中出行变得更加困难，而且在很多非洲城市规划、管理和运营城市交通工具也非常复杂(Kuma&Barret, 2008)。然而，当局在满足新的城市居民的服务需求方面面临困难，特别是在公共交通服务方面。非洲城市具有以下共同特征：人口不断增长，交通系统服务不足，公共交通标准下降，交通系统负责的公共机构之间重叠和冲突，小巴士和私家车大量增加以及交通基础设施不足，交通条件恶化等。城镇低下的管理能力导致道路拥堵，空气污染，道路交通事故以及其他与交通有关的气候变化问题日益严重。

在大多数非洲城市，如表6.2所示，公共交通主要使用小巴士(8—25名乘客)。而大型巴士是理想的城市公共交通工具，在大多数城市，最初是国有的大型巴士公司，它们的运作效率并不高，大多数最后都倒闭了。另一方面，大多数小型客车都是由非正规部门提供的,并且在过去的几年中已经扩大,以填补大型公共汽车留下的市场。但是,小型公共汽车存在明显的缺点,包括:道路拥堵,安全性能差,更高二氧化碳排放量和不可预测性。在许多城市,特别是最贫穷的人群中,巴士服务非常有限。道路密度较低(见表6.3),路面较差和狭窄的街道减少了这些巴士的使用。

表6.2 在13个非洲城市中使用的各种运输方式的份额

国家	大型巴士	小型巴士	私人的				
			出租车	摩托车	小汽车	走路	其他
阿比让	11	19	29	0	18	22	1
阿克拉	10	52	9	0	13	12	4
亚的斯亚贝巴	35	20	5	0	7	30	3
巴马科	1	10	5	56	19	9	
科纳克里	1	14	6	0	1	78	0
达喀尔	3	73	6	6	11	1	
达累斯萨拉姆	0	61	1	1	10	26	1
杜阿拉	10	13	12	2	60	3	
坎帕拉	0	41	20		35	4	
基加利	1	75	10	0	10	5	0
拉各斯	10	75	5	5	5	高	0
内罗毕	7	29	15	2	47	0	
刚果民主共和国	8	0	58	14	20		
平均	7	37	14	7	20	19	4

资料来源:Kumar, A., & Barret, F. (2008). *Stuck in traffic: Urban transport in africa*. AfricaInfrastructure Country Diagnosis(ACID) report, Washington, DC: The World Bank.

表 6.3　非洲城市铺设道路（2008 年）

城市	铺路里程（米/每 1000 人）
阿比让	346
科纳克达	174
喀尔里	467
达累斯萨拉姆	150
坎帕拉	225
金沙萨	63
拉各斯	400
平均值	318
发展中国家平均值	1000

资料来源：Kumar, A., & Barret, F. (2008). *Stuck in traffic: Urban transport in africa*. AfricaInfrastructure Country Diagnosis(ACID) report, Washington, DC: The World Bank.

作为巴士的替代品，在诸如杜阿拉、拉各斯、洛美、波尔图诺沃和卡马帕拉等城市，商业摩托车的使用量增长非常迅速。在瓦加杜古和巴马科等城市，私家摩托车的使用率很高。大约9%、12%、12%的人分别使用出租车、摩托车和私家车。在金沙萨、拉各斯和内罗毕等少数城市存在小规模的郊区铁路网络(Kumar&Barret, 2008)。总之，有证据表明，大多数非洲城市需要改善公共交通。增加城市公共交通将会改善交通方式和可达性，也会创造更好的城市环境。

然而，有效的城市公共交通网络需要对城市规划、基础设施的建设和维护以及交通服务的组织等方面给予统一的关注。但是，非洲城市的公共城市交通的特征更多是缺乏监管规划，涉及许多机构(联邦、州和地方)。这导致了问责制不力以及缺乏协调。政府的作用应该包括以可承受的成本实现城市和城郊之间的连接。重要的是要明白城市中心之间的联系将对未来气候变化抵御能力的选择具有重要影响。因此,在不久的将来,更多可持续的公共交通系统对于非洲城市来说将是不可或缺的。

近年来,人们对可持续公共交通的兴趣越来越浓厚,这可以解决城市地区交通堵塞和日益严重的污染问题。事实上,每年有数百万人因交通方面的空气污染或事故而死亡或无法继续工作、上学,最贫困的人群受到不同程度的影响。到 2020 年,中低收入国家的道路死亡人数将增加 80%。运输部门造成了大约 80% 的有害空气污染物每年导致 130 万人死亡(Replogle & Hughes, 2012)。评估表明,发展中国家空气污染和道路交通事故的经济成本占国内生产总值的 5—10% 之间(UNCSD, 2012)。此外,尽管与经合组织国家相比,发展中国家目前的人均交通排放量相对较低,但是全球运输温室气体排放量增长的 90% 预计来自发展中国家,主要是私人车辆和货运(UNCSD, 2012)。

在 2012 年"里约 + 20"会议期间(2012 年 1 月 25 日和 2012 年 6 月),国际社会强调决策者和发展伙伴需要在发展中国家更多地投资可持续城市公共交通。八个最大的多边开发银行(包括非洲开发银行)承诺在未来十年内投资 1750 亿美元资助更可持续的交通系统。这意味着向绿色公共交通的转变不仅提供环境效益(即通过减少私人车辆的使用减少空气污染),而且提供非环境效益(即为低收入群体进入交通网络,减少道路拥堵,改善道路安全)。因此,未来几年,非洲政府面临的挑战不仅是要改善公共城市交通的供应,还要通过投资绿色技术来关注其可持续性。

非洲政府向可持续交通系统转变的步伐仍然是一个挑战。例如,需要制定政策来消除不可持续的交通选择,如取消对汽车燃料(例如私人车辆)的补贴,并将其转向公共交通。他们还可以在对交通需求高的区域投资大型车辆(大型客车)或铁路。例如,公共汽车可以补充尚未满足交通需求的私人小型客车。主管部门还可以通过推广或补贴液态石油气(LPG)鼓励使用绿色公共汽车巴士等清洁能源。还需要在铺砌道路上进行投资,因为这是许多国家的主要关注点。但除了选择在哪里投资公共资金外,政府还将需要处理与城市公共交通系统规划和管理有关的问题。这将需要在城市公共交通网络规划和管理方面进行能力建设。

结论和建议

非洲的城市化并没有帮助非洲国家缩小与世界其他发展中地区的增长差距，相反，是以贫民窟扩展和贫困增加为特征来促进城市发展。非洲各国政府很少关注可持续城市发展。值得注意的是，国家发展计划和减贫战略没有对城市发展问题给予高度重视。然而，城市化并非完全是城市或直辖市的挑战。通过推进私营部门的生产、投资和增长，城市治理的作用应从提供服务转变为加强区位竞争力。

许多贫穷城市缺乏吸引商业和外国投资所必需的基础设施和服务。然而，如果管理得当，非洲城市可以成为内需拉动增长，区域一体化和技术创新的重要推动力。建立具有经济活力的国家或区域中心应该成为非洲国家经济和未来经济增长的核心。与亚洲国家一样，这些地区可以作为财富和创新的生产中心，贸易和生产力的摇篮。在国家经济中跨区域创建新的经济中心肯定有助于平衡该国人口分布。这对于城市化的成功发展很重要。

此外，非洲政府需要有效的多层次机制来支持其城市发展进程。发展伙伴多年来一直支持该大陆，但其许多干预措施并未产生预期结果。例如，通过采用结构调整方案，却使得一些国家的人口生活条件恶化。此外，政府没有针对最弱势群体进行一些适当的政策改革，导致了贫富差距的扩大。

为了有效推进城市发展进程，发展伙伴需要与受援国政府和区域机构协调干预措施。他们的干预措施还应针对上述城市发展中面临的主要挑战，包括政府支持私营部门作为增长引擎、环境、性别平等和区域一体化问题。在此背景下，非洲开发银行已制订新的城市化战略，以帮助它的成员国名对他们城市化的挑战。

参考文献

第一章

1. Ajulu, C., & Motsamai, D. (2008). The Pan-African Infrastructure Development Fund (PAIDF): Towards an African agenda, *Global Insight*, 76.
2. Banerjee, S., Woden, Q., Diallo, A., Pushak, T., Uddin, H., Tsimpo, C., &Foster, V. (2008). Access, affordability, and alternatives: "*Modern infrastructure service in Africa.*" Washington, DC: World Bank.
3. Collier, P. (2006). "*Africa: Geography and growth*". TEN, Federal Reserve Bank of Kansas City (Fall), 18–21.
4. Fay, M., & Opal, C. (2000). *Urbanisation without growth: a not-so-uncommon phenomenon*. Washington, DC: World Bank.
5. Foster, V., & Briceño-Garmendia, C. (Eds.). (2010). "*Africa's infrastructure: A time for transformation*". Washington, DC: World Bank.
6. Gallagher, K. P., & Zarsky, L. (2007). "*The enclave economy: foreign investment and sustainable development in Mexico's Silicon Valley*". Cambridge: MIT Press.
7. Henderson, J. V. (2005). "*Urbanisation and growth*". In P. Aghion & S. Durlauf (Eds.), "*Handbook of economic growth*" (Vol. 1). Amsterdam: Elsevier.
8. Krugman, P. (1998). "*What's new about the new economic geography*". "*Oxford Review of Economics Policy*", 14, 7–17.
9. Parnell, S., Pieterse, E., & Watson, V. (2009). "*Planning for cities in the global south: An African research agenda for sustainable human settlements*". Progress in Planning, 72(2), 233–241.
10. Ravallion, M., Chen, S., & Sangraula, P. (2007). "*New evidence of the globalization of poverty*". "*Population and Development Review*", 33(4), 667–701.
11. Sala-I-Mratin, X., & Pinkovskiy, M. (2010). "*African poverty is falling ... much faster than you think! NBER Working Paper Series*", 15775.
12. Tannerfeldt, G., & Ljung P. (2006). "*More urban less poor: An introduction to urban development and management*". London: Earthscan.

13. Tibaijuka, A. (2010). "*Balanced development for Africa: the cities of the future—Beyong chaotic urbanisation*". Speech delivered at the 1027th Wilton Park Conference, WEST Sussex, UK.
14. United Nations. (2008). "*World urbanisation prospects: The 2007 revision*". New York: Department of Economic and Social Affairs, United Nations.
15. UN-Habitat. (2010a). "*The state of the African cities 2010: Governance, inequality and urban land market*". Nairobi: UN-Habitat.
16. UN-Habitat. (2010b). "*State of world cities 2010/2011: Bridging the urban divide*". Nairobi: UN-Habitat.
17. World Bank. (2004). "*World development report 2004: Making services work for poor people*". Oxford University Press.

第二章

18. African Development Bank. (2007). "*African Development Report 2007*". Oxford University Press.
19. Ahmad, E. (2007). "*Big or too Big? Finance and Development*", 44(3).
20. Ajakaiye, O., & Ncube, M. (2010). "*Infrastructure and economic development in Africa: An overview. Journal of African Economies*", 19 (Supplement 1), i3 – i12.
21. Ampiah, K., & Naidu, S. (Eds.) (2008). "*Crouching tiger, hidden dragon? Africa and China*". Scottsville, South Africa: University of KwaZulu-Natal Press.
22. Annez, P., Buckley, R., & Kalarical, J. (2010). "*African urbanisation as flight? Some policy implications of geography*". Urban Forum, 21, 221 – 234.
23. Barrientos, S., Dolan, C, & Tallontire, A. (2003). "*A gendered value chain approach to codes of conduct on African horticulture*". World Development, 31(9), 1511 – 1526.
24. Beall, J., Gaha-Khasnobis, B., & Kanbur, R. (Eds.) (2010). "*Urbanisation and developments: Multidisciplinary perspectives*". Oxfoed University Press.
25. Bloom, D. E., & Khanna, T. (2007). "*The Urban Revolution. Finance and Development*", 44(3), 9 – 14.
26. Bryceson, D., & Potts, D. (Eds.) (2006). "*African urban economies: Viability, vitality or vitiation?*" Basingstoke, UK: Palgrave.
27. Buck, L., Gordon, I, Harding, A., & Turok, I. (Eds.) (2005). "*Changing cities: Rethinking urban competitiveness, cohesion and governance*". London: Palgrave.
28. Castells, M. (2000). "*The information age: Economy, society and culture. Volume 1: The Rise of the Network Society*". Oxford: Blackwell.
29. Chen, M. A. (2007). "*Rethinking the informal economy: Linkages with

the formal economy and the formal regulatory environment". United Nations Department of Economic and Social Afairs (Working Paper 46).
30. Coe, N Hess, M. , & Yeung, H. (2008) "*Global production networks: Realising the potential. Journal of Economic Geography*", 8(3),271-95.
31. Comission for Africa. (2005) "*Our common interest*". London: Commission for Africa. Retrieved from http: www. commission for africai0or
32. Cooke, P, & Morgan, K. (1998). "*The asscational economy: Firms, regions and innovation*". Oxford University Press.
33. Davis, M. (2006). "*Planet of slums*". London: Verso Books.
34. Duranton, G, & Puga, D. (2004). "*Micro-foundations of urban agglomeration economies*". In v. Henderson & J. Thisse (Eds.), "*Handbook of urban and regionaleconomics*" (Vol. 4, Pp. 2063-2117). Amsterdam: North Holland.
35. Edigheji, O. (Ed.). (2010). "*Constructing a democratic developmental state in South Africa*". Cape Town: HSRC Press.
36. Ellis, F. , & Harris, N. (2004). "*New thinking about urban and rural development*". "*Keynote paper for DFID Sustainable Development Retreat*", University of Surrey, Guildford.
37. Evans, P. (1995). "*Embedded autonomy: States and industrial transformation*". Pay na eope e 2 o onon naioiae eeiophenomenon (Working Paper 2412). Washington, DC: World Bank.
38. Friedman, T. (2006). "*The world is flat*". London: Penguin Books.
39. Gereff, G. , Humphrey, J. , and Sturgeon, T. (2005). "*The governance of global value chains*". "*Review of International Political Economy*", 12(1), 78-104.
40. Gill, L. , Kharas, H. , & Bhattasali, D. (2007). "*An East Asian renaissance: Ideas for economic growth*". Washington, DC: World Bank.
41. Glaeser, E. , & Gottlieb, J. (2006). "*Urban resurgence and the consumer city*". Urban Studies, 43(8),1275-1299.
42. Gordon, I. , &McCann, P. (2000). "*Industrial clusters: Complexes, agglomeration and/or Social Networks?*" Urban Studies, 37(3),513-532.
43. Hall, P. (1998). "*Cities in civilisation: Culture, technology and urban order*". London: Weidenfeld and Nicolson.
44. Hall, P. , & Pain, K. (2006). "*The polycentric metropolis*". London: Earthscan.
45. HM Treasury. (2006). "*Devolving decision making: 3-Meeting the regional economic challenge: The importance of cities to regional growth*". London: HM Treasury.
46. Jacobs, J. (1984). "*Cities and the wealth of nations*". New York: Random House.
47. Jacobs, J. (1969). "*The economy of cities*". London: Jonathan Cape.
48. Kessides, C. (2007). "*The urban transition in Sub-Saharan African:*

Challenges and opportunities". "Environment and Planning C", 25(4), 466-485.
49. Kessides, C. (2006). "*The urban Transition in Sub-Saharan Africa: Implication for economic growth and poverty reduction*". Washington, DC: World Bank.
50. Krugman, P. "*Geography and Trade*". Cambridge, MA: MIT Press.
51. Leke, A., Lund, S., Roxburgh, C., & van Wamelen, A. (2010, June). What's driving Africa's growth. McKinsey Quarterly. www.mckinsey.com/insights/economy_studies/whats_driving_africas_growth (Accessed 6 February 2014).
52. Marshall, A. (1920). "*Principles of economics (8th ed.)*". London: Macmillan.
53. Martine, G, McGranahan, G, Montegomery, M., & Fernandez-Castilla, R. (2008). "*The new global frontier: Urbanisation, poverty and environment in the 21st century*". London: Earthscan, Routledge.
54. McGranahan, G., Mitlin, D., Satterthwaite, D., Tacoli, C., & Turko, I., (2009) "*Africa's urban transition and the role of regional collaboration*". London: International Institute for Environment and Development.
55. Murray, M. (2008). "*Africa's futures: From North-South to East-South?*" "Third World Quarterly", 29(2), 339-56.
56. Naude, W., and Matthee, M. (2007). "*The significance of transport costs in Africa*" (Policy Brief 51813-5706). Helsinki: "*World Institute for Development Economics Research for the United Nations University*".
57. Neuman, P., & Hull, A. (Eds.). (2011). "*The futures of the cities-region*". Abingdon, UK: Routledge.
58. Njoh, A. (2003). "*Urbanisation and development in Sub-Saharan Africa*". "Cities", 20(3), 167-174.
59. OECD. (2008a). "*Growing unequal? Income distribution and poverty in OECD countries*". Paris: OECD.
60. OECD. (2008b). "*Territorial review: Cape Town, South Africa*". Paris: OECD.
61. Parr, J. (2008) "*Cities and regions: Problems and potentials*". "Environment and Planning A", 40(12), 3009-3026.
62. Parr, J. (1999). "*Growth pole strategies in regional economic planning: A retrospective view*". "Urban Studies", 36(7-8), 1195-1215, 1247-1268.
63. Parr, J. (2005) "*Perspectives on the city-region*". "Regional Studies", 39(5), 555-566.
64. Parr, J. (2004) "*The polycentric urban region: A closer inspection*". "Regional Studies", 38(3), 231-240.
65. Pike, A., Rodriguez-Pose, A., & Tomaney, J. (2006). "*Local and

regional development". Abingdon, UK: Routledge.
66. Porter, M. (1998, December). "*Clusters and the new economics of competitiveness*" "*Havard Business Review*", 77–90.
67. Potts, D. (2007). "*City life in Zimbabwe at a time of fear and loathing: Urban Planning, urban poverty and urban Murambatsvina*". In G. Myers & M. Murray (Eds.), "*Cities in contemporary in Africa*". New York: Palgrave.
68. Rakodi, C. (Ed.). (1997). "*The urban challenge in Africa: Growth and management of its large cities*". Tokyo: United Nations University Press.
69. Ravallion, M. (2009). "*Are there lessons for Africa from China's success against poverty?*" "*World Development*", 37(2), 303–313.
70. Ravallion, M., Chen, S., & Sangraula, P. (2007). "New evidence on the urbanisation of global poverty". Washington DC: Development Research Group, World Bank. Retrieved from http://go.worldbank.org/AIE683JE90.
71. Rice, P., Venables, A., & Patacchini, E. (2006). "*Spatial determinants of productivity: Analysis for the regions of Great Britain*". "*Regional Science and urban economics*", 36, 727–752.
72. Robertson, M., & White, G. (Eds.). (1998). "*The democratic developmental state: Politics and institutional design*". Oxford University Press.
73. Rogerson, C. M. (1997). "*Globalisation or informalisation? African urban economies in the 1990s*". In Rakodi, C. (Ed.), "*The urban challenge in Africa: Growth and management of its large cities*". Tokyo: United Nations University Press. pp. 337–370.
74. SABMiller Corporate Website. (2010). www.sabmiller.com (accessed on May 5, 2010).
75. Scott, A. J. (2006). "*Geography and economy*". Oxford: Clarendon Press.
76. Scott, A. J. (Ed.). (2001). "*Global city-regions: Trends, theory, policy*". Oxford University Press.
77. Skinner, C. (2010). "*Street trading in Africa: Demographic trends, planning and trader organisation*". In V. Padayachee, "*The political economy of Africa*". Abingdon, UK: Routledge.
78. Southall, R., & Melber, H. (Eds.). (2009). "*A new scramble for Africa?*" Scottsville, South Africa: University of KwaZulu-Natal Pres.
79. Storper, M., & Manville, M. (2006). "*Behaviour, preferences and cities: Urban theory and urban resurgence*". Urban Studies, 43(8), 1247–1274.
80. Todaro, M. (2000). "*Economic development (7th ed.)*". Harlow, Essex, UK: Pearson Education.
81. Turok, I. (2004). "*Cities, regions and competitiveness*". Regional Studies, 38(9).

82. 1069 – 1083.
83. Turok, I. (2009). "*The distinctive city: Pitfalls in the pursuit of differential advantage*". Enuironment and Planning A, 41(1), 13 – 30.
84. Turok, I. (2011). "*Inclusive growth: Meaningful goal or mirage?*" In A. Pike, A. Rodriguez-Pose, & J. Tomaney (Eds.), "*Handbook of local and regional development*". Abingdon, UK: Routledge.
85. Turok, I. (2010b). "*Towards a developmental state? Provincial economic policies in South Africa*". Development Southern Africa, 27(4), 497 – 516.
86. UN-Habitat. (2008). "*The state of African cities 2008: A framework for addressing urban challenges in Africa*". Nairobi: UN-Habitat.
87. UN-Habitat. (2010). "*State of the uworld's cities 2010/11: Bridging the urban divide*". Nairobi: UN-Habitat. United Nations. (2007). "*State of world population 2007: Unleashing the potential of urban growth*". New York: UN. Retrieved from www. unfpa. org.
88. United Nations. (2008). "*World population policies 2007*". New York: UN Department of Economic and Social Affairs.
89. Venables, A. J. (2010). "*Economic geography and African development*". "*Regionall Science*", 89(3), 469 – 483.
90. Wang, J. & Bio-Tchane, A. (2008). "*Africa's burgeoning ties with China*". Financel and Development, 44 – 47.
91. White, M. J., Mberu, B. U., & Collinson, M. A. (2008). "*African urbanisation: Recent trends and implications*". In Martine, G., McGranahan, G., Montegomery, M, & Fernandez-Castilla, R. (Eds.), "*The new global frontier*" (pp. 302 – 316).
92. World Bank. (2008). "*Building bridges: "China's growing role as infrastructure financier for Sub-Saharan Africa*". Washington, DC: World Bank.
93. World Bank. (2000). "*World development report 1999/2000: Entering the 21st century*". Washington, DC: World Bank.
94. World Bank. (2009). "*World development report 2009: Shaping economic geogrdphy*". Washington, DC: World Bank.
95. Yeung, H. (2009). "*Regional development and the competitive dynamics of global production networks: An East Asian perspective*". Regional Studies, 43(3), 325 – 351.

第三章

96. African Development Bank, OECD, UNDP, & ECA. (2012). "*African economic outlook 2012*". Retrieved from http://www.africaneconomicoutlook. org(Accessed 19 October 2013).
97. Ajulu, C., & Motsamai, D. (2008). "*The Pan-African Infrastructure Development Fund (PAIDF): Towards an African agenda, Global Insight, 76. Johannesburg: Institute for Global Dialogue*".

98. Amin, A. (Ed.). (2009). "*The social economy*". London: Zed Books.
99. Amis, P. (2009). "*Improving local government: The commonwealth vision. Background discussion paper for the Commonwealth Local Government Conference, Freeport, Grand Bahama*". Birmingham, UK: University of Birmingham.
100. Andrews, M., & Schroeder, L. (2003). "*Sectoral decentralisation and intergovernmental arrangements in Africa*". Public Administration and Development, 23, 29–40.
101. Annan, K. (2000, 3 April). "*We the people. Secretary General's Statement to the UN Assembly*". New York: United Nations.
102. Borja, J., & Castells, M. (1997). "*Local and global: The management of cities in the information age*". London: Earthscan.
103. Calderon, C. (2008). "*Infrastructure and growth in Africa. AICD Working Paper 3. African Religion*". Washington, DC: World Bank.
104. Charlton, S., & Kihato, C. (2006). "*Reaching the poor? An analysis of the influences on the evolution of South Africa's housing programme*". In U. Pillay, R. Tomlinson, & J. Du Toit (Eds.), "*Democracy and delivery: Urban policy in South Africa*". Cape Town: HSRC Press. 252–282.
105. Commonwealth local government forum. (2008). "*The commonwealth local government handbook 2009*". London: Commonwealth local government forum.
106. Crook, R. C. (2003). Decentralisation and poverty reduction in Africa: The politics of local-central relations. Public Administration and Development, 23, 77–78.
107. Foster, V., & Briceño-Garmendia, C. (Eds.). (2010). Africa's infrastructure—a time for transformation. Washington, DC: World Bankand Agence française de Développment.
108. Fung A., & Wright, E. O. (2001). Deepening democracy: Innovation in empowered participatory governance. Politics and Society, 29(1), 5–41.
109. Gaventa, J, (2006). Triumph, deficit or contestations? Deepening the "deepening democracy" debate (IDS Working Paper No. 264). Brighton, UK: Institute for Development Studies.
110. Goezt, A., & Gaventa, J. (2001). Bringing citizen voice and client focus into service delivery (IDS working Paper No. 138). Brighton, UK: Institute for Development Studies.
111. Graham, S. (2000). Constructing premium network spaces: Reflections on infrastructure networks and contemporary urban development. International Journal of Urban and Regional Research, 24(1), 183–184.
112. Graham, S., & Marvin, S. (2001). SPLINTERING urbanism: Networked infrastructures, technological mobilities and the urban condition. London and New York: Routledge.

113. Hodson, M. & Marvin, S. (2009). Urban ecological security: A New urban paradigm? International Journal of Urban and Regional Research, 33 (1),193 – 215.
114. ICLEI [Local Government for Sustainability]. (2010). Cities in a post-2012 climate policy framework. ICLEI Global Reports. Bonn, Germany: ICLEI.
115. JICA [Japanese international Cooperation Agency]. (20080. Decentralised service delivery in East Africa—A Comparative study of Uganda, Tanzania and Kenya. Tokyo: Research Group, Institute for International Cooperation, Japan International Cooperation Agency.
116. Kamal-Chaoui, L. , & Robert, A. (Eds.). (2009). Competitive cities and climate change. Paris: OECD Publishing.
117. Kessides, C. (2006). The urban transition in Sub-Saharan Africa: Implications for economic growth and poverty reduction. Washington, DC: Cities Alliance.
118. Lee, K. N. (2007). An urbanising world. In L. Starke (Ed.), State of the world 2007: our urban future. New York: W. W. Norton and Company. 3 – 21.
119. LSE Cities. (2010). GREEN Cities. Summary Report for the UNEP Green Economy Report [Final Draft]. London: LSE Cities.
120. Mabogunje, A. (2007). Global urban poverty research agenda: the African case. Urban Update no. 10. Washington, DC: Woodrow Wilson International Centre for Scholars.
121. Manor, J. (2004). Democratisation with inclusion: Political reforms and people's empowerment at the grassroots. Journal of Human Development, 5 (1),5 – 29.
122. Mckinsey Global Institute (2010). Lions on the move: The process and potential of African economies. New York: Mckinsey & Company.
123. Mo Ibrahim Index for African Governance. (20110. Retrieved from http://www. Moibrahimfoundation. org/fr/interactive/ (Accessed 20 June 2013).
124. Mosr, C. (2008). Asset and livelihoods: A Framework for asset-based social policy. In C. Moser (Ed.), Asset, livelihoods and social policy. Washington, DC: World Bnak, 43 – 81.
125. Onsembe, J. O. , Ntozi, J. P. M. (2006). The 2000 round of censuses in Africa: Achievements and challenges. The African Statistical Journal, 3, 11 – 28.
126. Organisation for Economic C0-operation and development. (2008). Cape Town, South Africa. OECD Territorial Reviews. Paris: OECD.
127. Ouedrogo, H. M. G. (2003). Decentralization and local governance: Experience from francophone West Africa. Public Administration and Development, 23(1),97 – 103.
128. Oyugi, Walter O. (2000). Decentralisation for good governance and development. Regional Development Dialogue, 21(1),3 – 22.

129. Palmer Development Group. (2005). Current distribution of powers and functions and impact of devolution to local government sphere with strategy for management of this process (Unpublished paper). Cape Town: PDG.
130. Parnell, S. , Pieterse, E. , & Watson, V. (2009). Planning for cities in the global south: An African research agenda for sustainable human settlements. Progress in Planning, 72(2), 233-241.
131. Parnell, S. & Simon, D. (2010). National urbanization and urban policies: Necessary but absent policy instruments in africa. In E. Pieterse (Ed.), Urbanisation Imperatives for Africa: Transcending policy interia. Cape Town: African Centre for Cities.
132. Pieterse, E. (2008). City futures: confronting the crisis of urban development. London: Zed Books.
133. Pieterse, E. (2010). Filling the void: Towards an agenda for action on African urbanization. In E. Pieterse (Ed.), Urbanisation Imperatives for Africa: Transcending policy interia. Cape Town: African Centre for Cities. Retrieved from www. Africancentreforcities. net (Accessed 19 August 2013).
134. Pieterse, E. & van Donk, M. (2008). Development local government: Squaring the circle between policy intent and outcomes. Chapter 3 in M. van Donk, M. Swilling, E. Pieterse, & S. Parnell (Eds.), Consolidating development local government: Lessons from the South African experiment. Cape Town: University of Cape Town press. 51-75.
135. President's Office, United Republic of Tanzania, (n. d.). History of local Government in Tanzania. Dar es Salaam: United Republic of Tanzania. Retrieved from www. pmoralg. go. tz (Accessed 19 February 2013).
136. Rakodi, C. (1997). Conclusion. In C. Rakodi (Ed.), the urban challenge in Africa: Growth and management of its large cities. Tokyo: United Nations University Press.
137. Ravallion, M. , Chen, S. , & Sangraula, P. (2007). New evidence of the globalization of poverty. Policy Research Working Paper Series 4199. Washington: World Bank.
138. Robit, J. C. (2001). Local actors, powers and accountability in African decentralizations: A review of issues. Paper prepared for International Development Research Centre of Canada Assessment of Social Policy Reforms Initiative. Washington, DC: World Resources Institute.
139. Roberts, P. Ravetz, J. , & George, C. (2009). Environment and the city. London: Routledge.
140. Robinson, J. (2009). State of cities reports: Briefing document (Unpublished paper). Cape Twon: African Centre for Cities, University of Cape Town.
141. Satterhwaite, D. (2007). The transition to a predominantly urban world and its underpinnings. Human settlements discussion paper. Theme: Urban

change no. 4. London: International Institute for Environment and Development.
142. Scott, A. J. (2006). Geography and economy. Oxford: Clarendon Press.
143. Shah, A. & Thompson, T. (2004). Implementing decentralised local governance: A treacherous road with potholes, detours and road closures. World Bank Policy Research Working Paper 3353. Washington, DC: World Bank.
144. Stren, R. (1972). Urban policy in Africa: A political analysis. African studies Review 15(3), 489–516.
145. Stren, R. , & Eyoh, D. (2007). Decentralisation and urban development in West Africa: An Introduction. In D. Eyoh & R. Stren (Eds.), Decentralisation and the politics of urban development in West Africa. Washington, DC: Woodrow Wilson International Centre for Scholars. 1–20.
146. SURF-ARUP. (2010). The SURF-ARUP framework for urban infrastructural development. Manchester: University of Salford and ARUP.
147. Tannerfeldt, G. , & Ljung, P. (2006). More urban less poor: An introduction to urban development and management. London: Earthscan.
148. Turok, I. , & Parnell, S. (2009). Reshaping cities: rebuilding nations: the role of national urban policies. Urban Forum 20(2), 157–174.
149. UNEP [United Nations Environment Programme]. (2008). Green jobs: Towards decent work in a sustainable, low-carbon world. Nairobi: United Nations Office.
150. UNFPA [United Nations Population Fund]. (2007). State of the world population 2007. New York: United Nations Population Fund.
151. UN-Habitat. (2008a). The state of African cities 2008: A Framework for addressing urban challenges in Africa. Nairobi: UN-Habitat.
152. UN-Habitat (2008b). State of the world's cities 2008/2009: Harmonious cities. London: Earthscan.
153. UN-Habitat. (2009a). Guide to municipal finance. Nairobi: UN-Habitat.
154. UN-Habitat (2009b). Planning sustainable cities: Global report on human settlements 2009 (Abridged version). London: Earthscan.
155. UN-Habitat. (2010). State of the world's cities 2010/2011: Bridging the urban divide. London: Earthscan.
156. UN-Habitat. (2012). State of the world's cities 2012/2013: Prosperity of cities. London: Earthscan.
157. United Nations. (2010). World population policies 2009. New York: Department of Economic and Social Affairs.
158. United Nations, Department of Economic and Social Affairs. (2011). Population division: World urbanization prospects, the 2011 revision. New York: United Nations office.
159. Wekwete, K. H. (1997). Urban management: the recent experience. In C. Rakodi (Ed.), The urban challenge in Africa: Growth and management

of its large cities. Tokyo: United Nations University Press.
160. World Bank. (2004). World development report 2004: Making services work for poor people. Oxford University Press.
161. World Bank. (2009). World development report 2009: Reshaping economic geography. Oxford University Press.
162. WSUP [Water and Sanitation Programme]. (2008). Quarterly project report: March 2008. London: WSUP. Retrieved from http://www.wsup.com/ (Accessed 20 February 2013).

第四章

163. Adams. D. (1994). "*Urban planning and the development process*". London: UCL Press.
164. Blokland. M., Braadbaart, O., & Schwartz, K. (1999). "*Private business public Owers: Government shareholdings in water companies*". "*The Hague: Ministry of Housing, Spatial Piannin-g and the Environment*".
165. Bovet. C. (1993). "*Zimbabwe housing ninance mobilisation. study*". Key Biscavne Florida: IMCC Corporate Offices and Arlington Virginia: IMCC Washington Operations, U. S.
166. Briggs, J., & Mwamfupe, D. (2000). "*Peri-urban development in an era of structural adjust-ment in Africa: The city of Dar es Salaam, Tanzania*". Urban Studies. 37(4), 797–809.
167. Cabannes, Y. (2004). "*Participatory budgeting: A signihcant contribution to participatory de-mocracy*". Environment and Urbanisation, 16(1), 2–46.
168. City of Johannesburg. (2010). "*City of Johannesburg: Service delivery and budget imple-mentation plan*" (SDBIP) 2010/2011. Johannesburg: City of Johannesburg.
169. City of Johannesburg(2011) "*Johannesburg Infrastructure and Service Plan 2011*". Johan-nesburg: City of Jonannesburg.
170. City Council of Nairobi(2006) "*City Council of Nairobi Strategic Plan 2006–2012*". Nairo-bi: City Council of Nairobi.
171. Doebele, W. A. (Ed.). (1983). "*Land re-adjustment: A different approach to financing urba-n development. Aldershot*", UK: Lexington Books.
172. FinMark Trust. (2010). "*2010 yearbook: Housing finance in Africa-a review of some of Af-rica's housing finance markets. Parkview*", "*Johannesburg: The Centre for Affordable Housin-g Finance in Africa*", a division of the FinMark Trust.
173. Franzsen, R. C. D., & McCluskey, W. J. (2005). "*Ad valorem property taxation in Sub-Sahar-an Africa*". Journal of Property Tax Assessment and Administration, 2(2), 5–14.
174. GoZ. (2010a). "*Proceedings of the stakeholders meeting. Harare:

Ministry of Water Resou-rces Development and Management", Republic of Zimbabwe.
175. GoZ. (2010b). "*Zimbabwe: The 2011 national budget-Shared economy, shared developm-ent, shared transformation-Creating the fair economy*". Harare: Zimbabwe Ministry of Finance.
176. GoZ/USAID. (1995). "*Zimbabwe shelter and urban indicator study: Draft Final Report o-f Findings*". Zimbabwe: Government of Zimbabwe, Ministry of Public Construction and Nati-onal Housing/Zimbabwe National Coordinating Committee on Human Settlements (GoZ) and Un-ited States Agency for International Development (USAID).
177. Harvey, J. (1996). "*Urban land economics*". London: McMillan Press Ltd.
178. Healey, P. (1991). "*Models of the development process: A review*". Journal of Property R-esearch, 8(3), 219-239.
179. IAB(2010) "*Investing across borders 2010: indicators of foreign direct investment regula-tion in 87 economies*". Washington, DC: The World Bank.
180. Ingram, G. K., &.Hong, Y. H. (Eds.). (2010). "*Municipal revenues and land policies, proceed-ings of the 2009 Land Policy Conference*". Cambridge, MA: Lincoln Institute of Land Policy.
181. Joffe, M., Hoffman, R., &.Brown, M. (2009). "*African water utilities: Regional comparativ-e utility creditworthiness assessment report*". African Water Association, Private Public Infras-tructure Advisory Facility (PPIAF) and the African Development Bank: Washington, DC: The World Bank.
182. Kirkwood, A. D. (1997). "*Standpipe maintenance in Luanda, Angola. Paper presented at the 23rd WEDC Conference on Water and Sanitation for All: Partnerships and Innovations*". Durban, South Africa: Loughborough University, UK, Water, Engineering and Development Centre(WEDO).
183. Kjellen, M. (2006). "*From public pines to hriuate hands: Water access and distribution in Dar es Salaam. Tanzania*" (Unpublished PhD Thesis). Stockholm. Department of Geog-raphy, Stockholm University.
184. Komives, K., Foster V., Halpern L. &.Wodon. O. (2005). "*Water, electricity and the poor: Who benefits from utility subsidies?*" Washington, DC: World Bank.
185. Lambert, B. (2009). "*Diaspora and development? Nigerian organisa-tions and the trans-national politics of belonging*". Global Networks, 9(2), 162-184.
186. Lemanski, C. (2008). "*Houses without community: Problems of community (in) capaci-ty in Cape Town South Africa, Environment and Urbanisation*", 20(2), 393-410.
187. Mbiba, B. (1995)."*Urban agriculture in Zimbabwe: Implications for urban poverty and management*". Avebury: Aldershot, UK.

188. Mbiba, B., &Ndubiwa, M. (2009). Bulawayo. pages 82 – 140 in R. Lawrence & E. Werna (Eds.), "*Labour conditions for construction: Building cities, decent work and the role of local authorities*". Oxford: Blackwell Publishing Ltd.
189. Mbiba, B., &Njambi, A. K. (2001). "*The challenge of urban and peri-urban transformati-ons in Nairobi: Contradictions, conflicts and opportunities under globalisation*". Pages 71 – 98 inB. Mbiba (Ed.), "*Review of urban and peri-urban transformationsand livelihoods inEast and Southern Africa*". Urban and Peri-Urban Research Net-work (Peri-NET) Work-ing Papers. London: South Bank University.
190. Mercer, C., Page B., &Evans, M. (2009). "*Unsettling connections: Transnational networks, development and African home associations*". Global Networks, 9(2), 141 – 161.
191. Mills-Tettey, R., &Adi-Ado, K. (Eds.). (2002). "*Visions of the city: Accra in the 21st cen-tury*". Accra: Woeli Publishing Services/Goethe-Institut Nationes Accra.
192. Mwanza, D. D. (2006). "*Benchmarking of utilities for performance improvement*". Nai-robi: Water and Sanitation Programme.
193. New Zimbabwe. (2011). "*South Africa extends R4M grant for Bulawayo water wor-ks*". New Zimbabwe. Retrieved from http://www. newzimbabwe. com/news-4290-SAs% 20R4m% 20grant% 20for% 20Bulawayo% 20water% 20works/news. aspx (Accessed 12 February 2014).
194. NWASCO. (2002). "*Urban and peri-urban water supply and sanitation sector report20011 2002*", Zambia. Lusaka, Zambia: National Water Supply and Sanitation Council(NWASCO). Retrieved from http://www. nwasco. org. zm(Accessed 15 February 2014).
195. NWASCO. (2008). "*Urban and peri-urban water supply and sanitation sector report 2007/2008*", Zambia. Lusaka, Zambia: National Water Supply and Sanitation Council(NWASCO). Retrieved from http://www. nwasco. org. zm(Accessed 15 February 2014).
196. NWASCO. (2010). "*Urban and peri-urban water supply and sanitation sector report 2009/2010*", Zambia. Lusaka, Zambia: National Water Supply and Sanitation Council(NWASCO). Retrieved from http://www. nwasco. org. zm(Accessed 15 February 2014).
197. OMPIC. (1995). "*Bluff Hill residential development design handbook*". Harare: Old Mutual Property Investment Corporation(Private) Limited.
198. Owusu. F, (2006). "*Differences in the performance of public organisations in Ghana: Imnlications for public sector reform policy*". Development Policy Review, 24(6), 693 – 705.
199. Rakodi, C. (1996). "*Urban land policy in Zimbabwe, Environment and Planning A*", 28, 1553 – 1576.

200. Sansom. K., Franceys, R., Njiru, C., & Morales-Reyes, J. (2003a). "*Contracting out water and sanitation services*". Volume 1: Guidance Notes for Service and Beacon Mbiba.
201. "*Management Contracts in Developing Couniries*". Lciccstershirc, Uk: Lougborough University, Water, Engineering and Development Centre (WEDC).
202. Sansom. K., Franceys, R., Njiru, C., c, Moraics-rcycs, J. (Eds.). (2003h) "*Contracting out waterand sanitation services*", voluimic 2: Case Studies and Auyh of Services and Manageme-nt Contracts in Developing Countries. Lcicester-shire, UK: Loughborough University, Water, Engincering and Devclopment Centre(WEDC).
203. Schwartz. K. (2009). "*The reform of public water utilities: Successful utility reform efforts as punctuated equilibria*". Water Policy, 11, 401 – 412.
204. Stren. R., & White, R. R. (Eds.). (1989). "*AFrican cities in crisis: Managing urban growth*". London: Westview Press.
205. Suleiman, L., & Cars, G. (2010). "*Water supply and governance in Accra*": "Authcntic" or "symbolic." Water Policy, 12, 272 – 298.
206. Thieme, T. (2010). "*Youth, waste and work in Mvathare: Whose business and whose politics?*" Environment and Urbanisation, 22(2), 333 – 352.
207. Tibaijuka, A. K. (2009). "*Building prosperity: Housing and economic development*". London: Earthscan.
208. Tremolet, S., Kolsky, P., & Perez, E. (2010). "*Financing on-site sanitation for the poor: A six country comparative review and analysis*". Nairobi: WSP Sanitation Global Practice Team, Water and Sanitation Programme(WSP), WorldBank.
209. UN-Habitat(1997). "*The Istanbul Declaration and the Habitat Agenda*" United Natio-ns Conference on Human Settlements (Habitat II). Nairobi: UN-Habitat.
210. UN-Habitat. (1998). "*Financing cities for sustainable development: With special referen-ce to East Africa*". Nairobi: United Nations Human Settlements Programme(UN-Habitat).
211. UN-Habitat. (2002). "*The Istanbul Declaration and The Habitat Agenda, with subject index*". Nairobi: UN-Habitat.
212. UN-Habitat. (2008a). "*The state of African cities 2008: A framework for addressing urban: challenges in Africa*". Nairobi: United Nations Human Settlements Programme(UN-Habitat).
213. UN-Habitat. (2008b). "*2008 annual report. Nairobi: United Nations Human Settlements Programme*" (UN-Habitat).
214. UN-Habitat. (2009). "*Challenges of municipal finance in Africa, with special reference to Gaborone, Botswana*". Nairobi: United Nations Human Settlements Programme (UN-Habitat).

215. UN-Habitat. (2010). "*The state of African cities, 2010: Governance, inequality and urbanland markets*". Nairobi: United Nations Human Settlements Programme(UN-Habitat)/UNEP.
216. World Bank. (2010). "*Investing across borders. Washington*", DC: World Bank.
217. World Bank Water and Sanitation Programme(WSP), African Development Bank (AfDB), United Nations Children's Fund (UNICEF), and World Health Organisation(WHO). (2010). "*Country status overview*". Draft report discussed with stakeholders from 8 – 9 April 2010. Harare, Zimbabwe: The WSP, the AfDB, UNICEF, and the WHO.
218. WSP. (2009). "*How can reforming African water utilities tap local financial markets?*"Nairobi, Kenya: World Bank.
219. Yahya, S. S. (2008). "*Financing social infrastructure and addressing poverty through wakf endowments: Experience from Kenya and Tanzania. Environment and Urbanisation*", 20(2), 427 – 444. Yeboah, C. N. (2010, 27 April). Ghana: Lending rates still at 33 percent. AllAfrica. com. Retrieved from bttp://allafrica. com/stories/201004271122. html(Accessed 30 June 2010).

第五章

220. African Development Bank. (2010). "*African economic outlook 2011*". Tunis: The African Development Bank Group.
221. African Development Bank. (2008). "*Selected statistics on African countries 2008*". Tunis: The African Development Bank Group.
222. Asian Coalition for Housing Rights. (2003, October). "*Housing by People in Asia: Newsletter of the Asian Coalition for Housing Rights*", 15. Bangkok, Thailand: Asian Coalition for Housing Rights.
223. Cities Alliance. (2006). "*Guide to city development strategies: Improving urban performance*". Washington, DC: The Cities Alliance.
224. Cities Alliance. (2008). "*Annual report*". Washington, DC: The Cities Alliance.
225. Cities Alliance(2010)"*What is slum upgrading*". Retrieved from www. citiesalliance. org/ca/slum-upgrading♯Policyframework (Accessed April, 2010).
226. CLIFF. (2003). "*Annual report: Community-led infrastructure finance facility to August 2003*". Retrieved from http://www. homeless-international. org/Files/HOM/PDF/A/A/B/cliffar_2003_24059_1. pdf (Accessed 13 February 2014).
227. Drakakis-Smith, D. (2000). "*Third world cities*". London: Routledge.
228. Hardoy, J. E., & Satterthwaite, D. (1995). "*Squatter citizen: Life in the urban third world*". London: Earthscan.
229. Iradian, G. (2005). "*Inequality, poverty, and growth: Cross-country*

evidence" (IMF Working Paper WP/05/28). Washington, DC: International Monetary Fund, Middle East and Central Asia Department.
230. Kessides, C. (2006). "*The urban transition in Sub-Saharan Africa: Implications for eco-nomic growth and poverty reduction*". Washington, DC: The Cities Alliance.
231. Matovu, G. (2000). "*Upgrading urban low-income settlements in Africa: Constraints, poten-tials and policy options*". Unpublished paper presented to Regional Roundtable on Upgrad-ing Low-Income Settlements, Johannesburg, South Africa.
232. Tannerfeldt, G., & Ljung, P. (2008). "*More urban less poor: An introduction to urban develo-pment and management*". London: Earthscan.
233. Tibaijuka, A. K. (2009). "*Building prosperity: Housing and economic development*". London: Earthscan.
234. UN-Habitat. (2005a). "*Urbanisation challenges in Sub-Saharan Africa*" Nairobi: UN-Habitat.
235. UN-Habitat. (2005b). "*Situation analysis of informal settlements in Kisumu*". Nairobi: UN-Habitat.
236. UN-Habitat. (2007). "*Situation analysis of informal settlements in Kampala: Kivulu*" (Ka-guugube) and Kinawataka (Mbuyu 1) Parishes. Nairobi: UN-Habitat.

第六章

237. African Development Bank. (2011). "*The Bank group's intergrated urban development strategy: Transforming Africa's cities and towns into engines of economic growth and social development. Tunis*", The African Development Bank.
238. Angel, S. (2000). "*Housing policy matters: A global analysis*". Oxford University Press.
239. Au, C., & Henderson, V. (2006). "*Are Chinese cities too small?*", "*Review of economic Studies*", 73(3), 549–576.
240. Basset, E., & Jacobs H., M. (1997). "*Community-based tenure reform in urban Africa: The community land trust experiment in Voi, Kenya. Land Use Policy*", 14(3) 215–229.
241. Brocklehurst, C., & Janssens, J. G. (2004). "*Innovative contracts, sound relationships: Urban water sector reform in Senegal*". Washington, DC: World Bank, Water Supply and Sanitation Sector.
242. Deichmann, U., Kaiser, K., Lall, S. V., & Shalizi, Z. (2005). "*Agglomeration, transport, and regional development in indonesia*" (World Bank Policy Research Working Paper No. 3477). Washington, DC: World Bank.
243. Hendeson, V., Kuncoro, A., & Turner, M. (1995). "*Industrial development in cities. journal of political ECONOMY*", 103(5)

1067 - 1090.
244. International Labor Organization (ILO). (2004). "*World emplyoment report*" 2004 - 2005. Geneva: ILO.
245. Kumar, A. , & Barret, F. (2008). "*Stuck in traffic: Urban transport in Africa*". "*Africa Infrastructure Country Diagnosis (ACID) report*". Washington, DC: The World Bank.
246. lugalla, J. L. P. (1997). "*Economic refoms and health conditions of the urban poor in Tanzania. African Studies Quarterly*", 1(2),19 - 37.
247. Ogero, B. , Omwando, Z. P. , &Basset, E. (1992). "*Background paper on the Kenya experience in urban upgrading*". "*Kenya: Ministy of Local Development, Urban Development Department and GTZ Small towns Development project*".
248. Pernia, E. (1993). "*Urbanization, population distribution and economic development in Asia*" (EDRC Report Series, No. 58). Manila: Asian Development Bank.
249. Replogle, M. , Hughes, C. (2012). "*State of the world 2012: moving toward sustainable prosperity*". Washington, DC: The Worldwatch Institute.
250. Rosenthal, S. , & Strange, W. (2001). "*The determinants of agglomeration. Journal of Urban Economics*" 50(2),191 - 229.
251. Spence, M. , Annez, P. C. , & R. M. (2008). "*Urbanisation and growth: Commission on growth and development*". Washington, DC: World Bank Group.
252. UNCSD. (2012). "*Sustainable, low carbon transport in emerging and developing economies*". Rio 2012 Isues Briefs 13. New York: United Nations Conference on Sustainable Development.
253. UN-Department of Economic and Social Affairs. (2008). "*World urbanisation prospects, the 2011 reviesion*". Retrieved from http://esa. un. org/unup/(Accessed 7 February 2014).
254. UN-Habitat. . (2002). "*The global campaign on urban governance*". Nairobi: UN-Habitat.
255. UN-Habitat. (2008). "*State of the world's cities 2008/2009: Harmonious cities*". Nairobi UN-Habitat. Retrieved from: http://www. unhabitat. org/pmss/list-ItemDetails. aspx? PublicationID = 2562 (Accessed 7 February 2014).
256. UN-Habitat. (2010). "*The state of African cities 2010: Governance, inequality and urban land markets*". Nairobi: UN-Habitat.
257. UN-Habitat. (2011). "*State of the world's cities 2010/2011-Cities for all: Bridging the urban divide*". Nairobi: UN-Habitat. United Nations Office for Coordination of Humanitarian Affairs(OCHA). (2012). "*Horn of Africa crisis*" (Situation Report No. 31). Nairobi: OCHA.
258. World Bank. (1993). "*Housing: Enabling markets to work*" (a World

Bank policypaper). Washington, DC: World Bank.
259. World Bank. (2010). "*Systems of cities: Harnessing urbanisation for growth and poverty alleviation*". Washington, DC: World Bank.
260. Yumkella, K. K., Kormawa, M. P., Roepstorff, M. T., & Hawkins, M. A. (Eds.) (2011). "*Agribusiness for Africa's prosperity*". Vienna: United Nations Industrial Development organization (UNIDO).

译后记

非洲正在经历快速的城市化。20世纪50年代，非洲大陆的城市化率只有15％，到2010年已飙升至40％，并且预计到2050年将达到58％。非洲城市化的快速发展，给非洲国家带来许多挑战，诸如基础设施的不足、城市生产效率的低下以及贫民窟人口的激增等等。同时，非洲城市化也是机遇，因为每一项挑战都包含着新的投资机会，如果处理得好，将引领非洲走上可持续发展的道路。

《非洲城市化与社会经济的发展：机遇与挑战》一书，由史蒂夫·凯伊兹-穆格瓦、阿贝贝·希梅莱斯、纳戴哥·德西蕾·亚梅奥戈主编，是非洲开发银行推出的关于非洲城市化的报告，也是一部研究非洲城市化的专著。全书分6章，分别是：第一章、非洲城市发展概论；第二章、作为发展动力的城市；第三章、制度、地方分权和城市发展；第四章、为城市发展筹资；第五章、非洲城市中临时安置点的改造；第六章、前进的道路。本书的一个基本观点是：非洲城市化的快速发展，并没有产生任何显而易见的结构转型，反而带来很多的挑战。也就是说，与世界上很多地方不同，非洲城市的快速发展并未成为经济增长的引擎，相反，非洲大陆的城市贫困日益加剧。作者在本书中分析造成这种情况的原因，并且试图提出解决的办法。该书主要反映了国外学者，尤其是非洲学者对非洲城市化的基本观点。非洲城市化是近年来非洲史研究的新领域和新热点，本书的翻译出版，将有助于国内学者和大众对非洲城市化的认识。

该译著是上海师范大学非洲研究中心的集体成果，杨年译前言、第一章和第三章;彭炫棋译第二章和第四章;梁凯宁译第五章;范东东译第六章。杨年还做了一些统稿的工作,陶泓铮协助张忠祥做了校对工作。最后,由张忠祥校译完成。由于我们水平所限,肯定存在许多不足之处,敬请读者批评指正。

  本书的翻译到出版历时3年多,它得到多方面的支持,包括教育部区域和国别研究培育基地项目、上海市高峰高原学科建设计划和上海师范大学应用文科振兴计划的资助,还有上海三联书店出版社的大力支持,对于陈恒教授、董丽敏教授、公磊老师、黄韬先生、殷亚平女士等表示衷心感谢!

张忠祥

2021年11月11日

图书在版编目（CIP）数据

非洲城市化与社会经济的发展：机遇与挑战/（瑞典）史蒂夫·凯伊兹-穆格瓦，（埃塞）阿贝贝·希梅莱斯，（突尼斯）纳戴哥·德西蕾·亚梅奥戈主编；杨年等译. —上海：上海三联书店，2023.1
（非洲国别和区域历史丛书）
ISBN 978-7-5426-7658-0

Ⅰ.①非… Ⅱ.①史…②阿…③纳…④杨… Ⅲ.①城市化—研究—非洲②经济发展—研究—非洲 Ⅳ.①F299.401 ②F14

中国版本图书馆 CIP 数据核字（2022）第 004580 号

著作权合同登记　图字：09-2021-1034

非洲城市化与社会经济的发展：机遇与挑战

主　　编 / ［瑞典］史蒂夫·凯伊兹-穆格瓦　［埃塞］阿贝贝·希梅莱斯
　　　　　［突尼斯］纳戴哥·德西蕾·亚梅奥戈

译　　者 / 杨　年　彭炫棋　梁凯宁　范东东
校　　译 / 张忠祥
责任编辑 / 殷亚平
装帧设计 / 一本好书
监　　制 / 姚　军
责任校对 / 王凌霄

出版发行 / 上海三联书店
　　　　　（200030）中国上海市漕溪北路 331 号 A 座 6 楼
邮　　箱 / sdxsanlian@sina.com
邮购电话 / 021-22895540
印　　刷 / 商务印书馆上海印刷有限公司

版　　次 / 2023 年 1 月第 1 版
印　　次 / 2023 年 1 月第 1 次印刷
开　　本 / 640mm×960mm　1/16
字　　数 / 210 千字
印　　张 / 13.75
书　　号 / ISBN 978-7-5426-7658-0/F·857
定　　价 / 78.00 元

敬启读者，如发现本书有印装质量问题，请与印刷厂联系 021-56324200